# MONTAÑAS

## 25 DEVOCIONALES CON JAKE LUHRS

## JAKE LUHRS

*Traducido por Samuel Carrillo, Jorge Rodas, y Cristina Rodríguez*

HeartSupport, Inc.
PO Box 19461
Austin, TX 78760
info@heartsupport.com
www.heartsupport.com

Diseño Gráfico por Kevin Schrecengost

*Para John*
*En verdad estuviste presente*

# CONTENIDOS

Nunca pensé que escribiría un libro, mucho menos un devocional. Para ser honesto, no pensé que llegaría el día en que compartiría algunos de los momentos que más me enorgullecen (y los que no tanto) con una audiencia a la que incluso le importaría escucharlos.

Sé que no todos estos devocionales me hacen ver como el chico más genial, pero en el proceso de redactarlo, me di cuenta que el objetivo de este devocional no tiene nada que ver conmigo. A través de las historias y pruebas buenas o malas que se cuentan acá, mi meta es dirigir a la gente a Cristo o que se den cuenta que tal vez algo está faltando en su relación con Cristo. Espero que mientras leas estas páginas te entregues más a Dios y que veas que se puede convertir en una relación más profunda con él.

Comparto estas opiniones porque la única persona constante en medio de mis luchas y éxitos (como podrás leer a continuación) ha sido mi Padre (Dios).

Si sabes algo acerca de mí, sabrás que no impongo la "religión". No quiero promover una religión y sin duda no quiero lastimar a nadie con ninguna religión. Pero quiero que la gente tenga la misma *relación* que yo tengo con Jesús. Quiero que se sientan amados y entendidos. Cuando ellos tengan miedo quiero que lo vean como la mayor fuente de amor, esperanza, ayuda, fuerza y perdón. También quiero que tú, *querido lector*, confíes en él de esta forma, que puedas ser capaz de perdonar a otros y que prestes atención a su indicación en tu vida o reconozcas áreas que necesitas cambiar. Espero que a través de mi transparencia veas que este proceso es desastroso pero es íntimo y apasionado y nada en el mundo se compara.

Si no estás seguro de lo que piensas o crees de Cristo, espero que este libro te aliente a mirar con mayor profundidad quién eres. Tal vez mirar al porque respondes al mundo de la forma en que lo haces y cómo te has convertido en la persona que eres. Espero que te rete a perseguir tus sueños y amar a otros de la forma en la que deseas ser amado sin importar el color de su piel, de quién están enamorados, en lo que creen, qué han hecho o qué se les ha hecho a ellos.

Quiero agradecer de sobremanera a Ben Sledge por la edición de estas historias y devocionales para mí. Ya que las escribí desde mi corazón, mucho de lo que escribí resultó sonando bastante desagradable, complicado, confuso y difícil de entender. Estoy agradecido de que a través de los años de nuestra amistad, él entiende mis intenciones y la forma en la que comunico. *Gracias, amigo.* No solo me hiciste sonar inteligente, sino hiciste un trabajo magnifico al trasladar mi corazón en estas páginas. También quiero agradecer a su esposa, Emily, por su ayuda en el proceso de edición y preguntas para este devocional. Su corazón es como el mío, gracias por hacer de este devocional un éxito.

También quiero agradecer a HeartSupport y August Burns Red. A través de los años ellos han visto mis altibajos y han venido en mi soporte o a celebrar conmigo. No tengo palabras para expresar mi gratitud a Brent, Dustin, JB, Matt, Nate,

Ben, Dan, Casey, John y el resto de nuestro equipo. Pero mis mayores agradecimientos van directamente a estos hombres. Ellos han visto y escuchado todo de mí; han sido un sistema de respaldo en su propia manera, cada uno apoyando mis sueños y deseos de guiar a otros (y a mí mismo) hacia una integridad espiritual y mental.

Finalmente, quiero agradecer a mis padres y hermana. Ellos son gente asombrosa y se presentan en algunas de estas historias. Aunque pienses que este devocional podría contar una historia de división en mi familia, es en realidad una historia de perdón. Ya que mi familia ha pasado por una serie de pruebas –mientras hacían lo que consideraban era lo mejor en ese momento–el perdón prevaleció y el amor venció. Mi familia lo significa todo para mí, y no sería el hombre que soy sin su apoyo, amor, sacrificio y devoción. Ellos me han ayudado a ser más completo, comprensivo y continúan animándome.

Espero que este libro guíe a muchos a su propia historia de perdón. Mi mayor esperanza es que el amor sea victorioso en la vida de cada persona que elige este libro.

¡Oh!, Casi olvido agradecer a mi perro, Winston. El perrito que podría… Por ser mi hijo.

Si estas eligiendo este libro y no sabes quién soy o lo que hace HeartSupport, el contenido dentro puede estar fuera de lo común para un devocional. HeartSupport–la organización sin fines de lucro que produjo este libro de trabajo (y a la cual van dirigidas las recaudaciones) –trabaja directamente en la industria de la música hard rock y metal proveyendo a los fans con los recursos que necesitan. La razón por la que nosotros trabajamos dentro de la industria musical es porque soy vocalista (algunos dirían que vivo de gritar) de una banda de metal dos veces nominada a un Grammy llamada August Burns Red. Dios me dio la visión para este ministerio cuando empecé a escuchar de mis fans en la mesa de mercadería después de nuestras presentaciones. Ellos expresaban como las letras de mi banda los impactaban y luego compartían acerca de numerosos problemas de la salud mental como: adicción, depresión, pensamientos suicidas, desesperanza, desesperación, ansiedad y autolesión. Entonces quería hacer algo más que dar una charla de 5 minutos con palabras motivacionales en la mesa de mercaderíadel concierto de cada noche. Yo quería hacer un lugar donde las personas pudieran venir exactamente como son –quebrantados o completos–y vivir conectados en comunión y con sus heridas y dolores expuestos. Yo también, intento vivir tan auténticamente como me sea posible, con mis defectos y carencias expuestos, porque les pido a los hombres y mujeres de HeartSupport que también hagan lo mismo. Mientras la influencia de HeartSupport ha crecido, más cristianos han dado un paso hacia adelante y compartido sus luchas en el mundo de la fe y la salud mental. Ellos sienten la abrumadora presión de parecer perfectos y así actúan de manera falsa con sus amigos y líderes de la iglesia. Descubrirás en este devocional que también sentí esa presión. Sin embargo, esa mentalidad no es el centro de lo que es HeartSupport o lo que Cristo nos ha llamado a hacer.

En HeartSupport, somos una comunidad auténtica y natural. Todos luchamos contra el pecado y la obscuridad en nuestros corazones. Últimamente, han surgido historias y sucesos de pastores y líderes religiosos envueltos en escándalos. Yo pienso que la presión es jugar limpio, entonces ellos ocultan la obscuridad que los acecha hasta que se ven atrapados. Si fuera a embellecer porciones de este devocional por querer parecer más "cristiano", me convertiría en otro fraude con una plataforma, sin compartir las partes obscuras de mi corazón y pecado que Dios me pide que confiese.

Entonces, esta es una advertencia para que sepas que si estás esperando una versión de escuela dominical, apta para todo público de mi vida, estas en el lugar incorrecto. Esto es acerca de las montañas y valles obscuros que enfrentamos y como Dios nos ayuda a superarlos. En las páginas de este libro verás lenguaje soez, historias impresionantes y mis carencias–muchas en los últimos años.

No pongo estas cosas acá para ser relevante o "genial". Yo cuento historias de la forma en la que son porque eso es lo que pasó, *con lenguaje soez y todo eso*. Sin embargo, si te preocupa la injuria en este devocional y yo menospreciando a Dios, te pediré que consideres lo siguiente.

Las Escrituras están llenas de historias y lenguaje obsceno. En el libro de Ezequiel, el profeta habla acerca de penes enormes, fluido femenino producido por estimulación sexual y cantidades grandes de semen "derramado" en Israel. Luego Ezequiel le recuerda a Israel que es la puta descarriada de Dios (ver Ezequiel 16:26, 36, 37; 23:20–21).Mucho de lo que vemos en nuestras traducciones es una limpieza del lenguaje y varios religiosos omiten la raíz de las palabras. El Apóstol Pablo también usa la palabra vulgar para excremento cuando dice, "Lo he perdido todo, y lo tengo por basura" (Filipenses 3:8, ESV). Los traductores una vez más, limpiaron el lenguaje y escogieron la palabra *basura*. Además, los cristianos inventaron lenguaje soez que no es lenguaje soez (Rayos, diablos, tonto, hijo de tu madre, ¿Qué pulgas?) que nos hacen sonar más absurdos en un mundo incrédulo. Jesús nos recuerda que si lo sentimos en nuestros corazones, lo dijimos sin importar que tanto lo limpiemos.

Todo esto para decir que a veces para transmitir la emoción y realidad de la situación, es apropiado contar los eventos tal y como pasaron en lugar de mentir acerca de ellos para hacerme ver mejor. La acusación más grande en contra de los cristianos es que somos hipócritas. Muchos cristianos no tienen ningún problema en ver películas de adultos o leer libros donde hay muchas maldiciones, entonces confío en que entenderán mi elección de ofrecer acá una vista natural de la vida. Debido a que no quiero que se abra fuego antes de que este devocional empiece, sentí la necesidad de explicar. No está plagado de

"Malas" palabras, pero encontrarás algunas. En mi oración está que veas una imagen de lo que pasa cuando Dios toma la obscuridad y la trae a la luz cuando dejas que el Espíritu Santo haga su trabajo en ti.

Espero que para ti sea así en estas páginas.

Bendiciones.

Jake Luhrs

*Si yo hablase lenguas humanas y angélicas, y no tengo amor, vengo a ser como metal que resuena, o címbalo que retiñe. Y si tuviese profecía, y entendiese todos los misterios y toda ciencia, y si tuviese toda la fe, de tal manera que trasladase los montes, y no tengo amor, nada soy. Y si repartiese todos mis bienes para dar de comer a los pobres, y si entregase mi cuerpo para ser quemado, y no tengo amor, de nada me sirve.*

**—1CORINTIOS 13:1-3**

Si tú eres como yo, has estado en algunos debates intensos. Si eres cristiano, entonces las posibilidades de estar en un tonto debate acerca de teología son más altas. Pueden haber cosas ridículas como "¿La tierra fue creada en seis días o seis billones de años? o "Bueno, yo creo que esto es lo que Dios nos pide". En cada instancia, las palabras y la forma en que uso la biblia no provenían de un lugar de amor. Tenía la tendencia de usar a Cristo para respaldar mi agenda personal u obtener lo que quería. Ya sea para verme inteligente, parecer que sabía de lo que estaba hablando o sentir que era una mejor persona, pero ninguno de los anteriores venía de un lugar de amor. Por años he estado resentido con la iglesia. Cuando eres el chico que vive de gritar en el escenario y cubierto de tatuajes, puedes tener muchas miradas encima. Siempre me sentía juzgado con el hecho de poner un pie en la puerta de la iglesia y eso combinado con el hecho de que pareciera que nadie ha tenido luchas. En cambio, todo era sonrisas y "alabar al señor". Superé mis complejos, pero esos sentimientos me llevaron a uno de esos debates de discusión cuando estaba de visita en una iglesia en Seattle. La discusión empezó cuando uno de los hombres con los que estaba hablando después del servicio tomo una postura acerca de la predestinación (la creencia de que Dios te elige para salvarte y no tienes elección en el asunto) y los elegidos (la creencia de que Cristo murió solo por aquellos que planeo salvar, no el resto del mundo).

*¿Entonces qué pasó?*

Hermano, *empezamos*. Éramos como dos perros en una pelea, no dábamos el brazo a torcer. Al recordar, toda la situación fue patética y vergonzosa. Pero es un ejemplo estupendo de mí proyectando mis creencias —y la Biblia—para probar que otros estaban equivocados. En efecto, yo juzgaba tanto como aquellas personas que yo sentía que me juzgaban a mí. No había amor en nuestras conversaciones, y en ese momento, me di cuenta que no era nada más que un "metal que resuena". En mis palabras nada mostraba el amor de Cristo o su misericordia hacia otros. Estaba destrozando la moral, valores y estilo de vida de otros seres humanos para probar que era mejor. *¿Dónde está el amor en eso?*

Cuando pienso en mi relación con Dios, la primera cosa que

viene a mi mente es que él me ama. Dios me ama sinceramente y quiere ser parte de mi vida. Él desea y se goza que pase tiempo con él y vice versa. Yo habito en Su gracia y misericordia. Cada mañana pienso en como él me ha dado perdón que no merezco y cubre mis pobres decisiones en gracia. Él ha hecho mucho para aliviar mi alma, mente y cuerpo del sufrimiento también. Como Dios me ha mostrado enorme misericordia y amor, él me ha otorgado la habilidad de mostrar misericordia y amor.

En 1 Corintios 13:1-3 Pablo tiene una conversación con la iglesia de los corintios para explicar que tan importante es el amor. La iglesia había estado usando sus dones espirituales en una forma destructiva que dejaba a las personas marginadas. *¿Les suena familiar?* En cambio, los alentó a utilizar sus dones en el amor y para la construcción mutua, *no como un metal que resuena.*

Muchos pueden ser "cristianos". Nosotros podemos hablar a las personas de la Escritura, podemos compartir las buenas nuevas, y podemos dar diezmo a nuestra iglesia o donar a una causa. Incluso podemos leer nuestras Biblias y proclamar a otros cuánto amamos a Jesús. Pero si estas cosas no fluyen del amor, entonces ¿Qué estamos haciendo? *Y ¿Por qué lo estamos haciendo?*

Cuando leemos la Biblia, si no proviene de una fuente de amor, entonces ¿Por qué la estamos leyendo?, ¿es por qué queremos descubrir algunos trucos para sentirnos mejor?, Si le decimos a alguien cuanto ha hecho Jesús en nuestras vidas sin que la raíz de nuestro mensaje o testimonio provenga de una fuente de amor, entonces ¿Por qué lo estamos compartiendo?, ¿para nuestro propio beneficio?, Si compartimos el evangelio o hablamos acerca de la Escritura con otros y no tiene raíces en el amor, entonces ¿Qué beneficio tiene?

A menudo, los cristianos son vistos como hipócritas que utilizan la Escritura para lastimar, avergonzar y culpar a otros. Pero Pablo nos recuerda edificar a otros con amor, y Jesús nos recuerda que seremos conocidos por nuestro amor. Cuando condenamos a otros con nuestras palabras o acciones, el sacrificio de Cristo en la cruz y lo que él ha logrado para librarnos de nuestras cargas de condenación se vuelve inútil.

Debemos amar primero. Luego, a través de nuestra relación con Dios, él nos puede mostrar como amar a otras personas en el momento.

El mundo necesita saber acerca del Dios viviente, amoroso, misericordioso, que redime y perdona. La profundidad de su amor se muestra en su disposición de dejar que su único hijo muriera por nosotros mientras todavía somos enemigos con Dios (ver Romanos 5:8). Pero ¿cómo se muestra y comunica ese amor? a través de ti, a través de mí y a través de esos que tienen una relación íntima con Dios en Cristo.

La llamada es clara. Debemos ser amorosos, solidarios, alentadores, generosos, edificantes, sensibles a las heridas y el dolor de los demás, y no prejuiciosos. Nos permite retarnos a nosotros mismos para crear amor más viable que de condenación, y, por favor, no utilices la Biblia en la manera en que yo lo hice para humillar o menospreciar a alguien. Abandonemos el metal que resuena. En cambio, démonos a conocer por nuestro amor, por que Cristo nos amó primero.

1. ¿Dónde necesitas cambiar o arrepentirte en áreas donde has usado tu fe de forma destructiva?

2. ¿A quién puedes alentar o edificar en amor hoy?

*Y sabemos que a los que aman a Dios, todas las cosas les ayudan a bien, esto es, a los que conforme a su propósito son llamados.*

**—ROMANOS 8:28**

Hay una historia de la cual no hablo de forma usual públicamente debido a lo mucho que afectó mi vida. La experiencia me agobió, pero siento la necesidad de compartirla.

En 2015 mi esposa y yo nos divorciamos, las consecuencias fueron devastadoras. Caí en una depresión profunda y oscura. Despertaba hueco y vacío. Puede ser impresionante escuchar esto de un "cristiano" pero despertaba a las tres de la tarde solo para empezar a beber otra vez. Recibí todo tipo de mensajes de odio:

"Tú no eres un cristiano real".

"¿Qué hay de 'hasta que la muerte nos separe'?"

"Bueno, no duro tanto".

Estos mensajes se combinaron con la bebida y fueron la tormenta perfecta.

Entiendo que no es fácil estar casado y ser un músico que va de gira, pero nuestros problemas fueron más allá de eso. Es difícil estar en el ojo del huracán cuando tu mundo se derrumba, entonces me aislé y permanecí sin esperanza. Los pensamientos pasaban por mi cabeza: *¿Quién soy ahora?, Nunca tendré una familia. Nunca nadie me volverá a amar. Nadie quiere al chico **divorciado**. Soy un fracaso.* Era un constante estribillo que sonaba una y otra vez. Para ser directo, también abandoné mi rol en HeartSupport porque sabía que no tenía lo requerido para mantenerlo. Ben Sledge y Nate Hilpert terminaron dirigiendo la organización por dos años antes que yo encontrara sanidad. Fue cuando sentí que había perdido todo, una tarde, sentado en mi terraza hablando con Dios, la verdad me golpeó. Mientras oraba a Dios escuche una voz en mi cabeza que decía:

*Ya no eres el líder de un ministerio sin fines de lucro. No irás de gira en los siguientes cuatro meses, entonces no eres el vocalista de August Burns Red. No eres un esposo de una esposa. Estas son las cosas que has buscado para tu seguridad y para apoyar tu identidad. Pero ya no puedes esconderte de ti mismo. Ven conmigo para encontrarte —quien eres en realidad. Veamos quien es Jake Luhrs en realidad. Deja de buscar validez en tus obras terrenales. Quiero que te sientas valido con saber que eres mi hijo.*

Unos meses después mi banda, August Burns Red, iba a encabezar una gira en Estados Unidos. Mi exesposa y yo acordamos hacer público nuestro divorcio en Instagram, para que la gente supiera acerca del divorcio una vez yo estuviera en el camino. Pero mientras estaba en la gira, Dios tomó mi quebrantamiento y lo usó para bien.

Una tarde después de la presentación mientras conocía a los fans, un hombre joven casi rompiendo en llanto me pregunto si podíamos hablar. Nos alejamos de la multitud hacia un área deshabitada cerca de un teléfono público. "Jake, sé que acabas de pasar por un divorcio. Bueno, mi esposa y yo", él confió. "Bueno, parece que estamos yendo en la misma dirección. Ahora mismo estamos separados y necesito tu consejo".

Es realmente difícil pasar por un divorcio pero a eso se le agrega el estigma de estar divorciado en la Iglesia, puede ser aplastante. Nadie se para en el altar pensando que su matrimonio va a fallar. Nadie planea que eso pase. Acá estaba este chico cuyo dolor entendí. Alguien que necesitaba un hombro donde llorar. Él necesitaba escuchar que no estaba solo, entonces compartí desde mi corazón. Yo compartí algunas formas en las que él podía pelear por su matrimonio. Formas en las que él podía establecer fronteras y construir confianza y lecciones de mis errores. Luego oré por él.

Un divorcio nunca es fácil. Finalmente, Dios removió la vergüenza que sentía y la reemplazó con amor y aceptación. Empecé a ver lo bueno y hermoso en medio de mis fracasos y aprendí a perdonarme. Todavía estoy en el proceso de encontrar mi valor, no en lo que hago, sino en lo que Cristo ha hecho por mí. Sin embargo, ese momento en el teléfono público fue el momento en que Dios empezó a cambiarme para bien. Experimenté de forma directa, como mi plataforma con August Burns Red y mis luchas pudieron usarse para bien. Sobreviví la sequía y obscuridad y Dios hizo alentador algo que una vez parecía sin redención. Mi divorcio, depresión y alcoholismo ahora fueron un catalizador para dirigir gente al amor incondicional de Dios.

El Apóstol Pablo escribió una carta a la iglesia en Roma en la cual él dice que "a los que aman a Dios, todas las cosas les ayudan a bien" (Romanos 8:28). A primera vista, es un trago amargo. ¿Cómo pueden el sufrimiento y la quiebra ser buenos?, Con muchos problemas e injusticias en el mundo, ¿Cómo puede ser posible? Para los hombres y mujeres atrapados en el planeta enano de la depresión o quienes han estado en el proceso de divorcio, es difícil ver todo como "bueno".

Pero siempre me recuerdo de mi historia y como Dios usó lo malo para bien.

Romanos 8:28 es un versículo que nunca quise escuchar cuando estaba pasando por mi divorcio, pero ahora es caricia para el alma. Ahora me permite encarar el futuro con seguridad porque Dios no toma nuestras angustias o sufrimientos con indiferencia. Él no desestima tus tiempos agobiantes de depresión o miedo. Le importan las montañas y pruebas que enfrentas. Si no fuera así, *entonces nada bueno habría resultado de nuestro dolor.*

En cada problema —grande o pequeño— Dios es la respuesta. Cuando llegas al final del túnel, él es el único que se queda. Puede que Dios use nuestras historias rotas como testimonio, y si le permitimos, esas historias pueden dirigir a otros a su amor incondicional.

La pregunta es: ¿Lo dejarías?

1. ¿Cuál es la montaña actual en tu vida?, ¿tienes luchas dentro de una relación?, ¿no puedes encontrar trabajo?, ¿no puedes dejar un pecado en particular?, ¿qué es lo que te duele y dónde no le confías a Dios para que controle la situación? Ponlo todo ante ti. Él es suficiente para suplirlo

2. Recuerda una de las cosas más duras que ha pasado en tu vida. ¿Te volviste más fuerte gracias a ello?, En retrospectiva, ¿Ves cómo Dios trabajó durante los tiempos difíciles cuando no eras capaz de verlo en medio del momento?

*Ninguno puede servir a dos señores; porque o aborrecerá al uno y amará al otro, o estimará al uno y menospreciará al otro. No podéis servir a Dios y a las riquezas.*

**—MATEO 6:24**

Yo puedo recordar vívidamente el día que me di por vencido y me zambutí de cabeza a mi pecado. El día en que firmé los papeles después de un divorcio traumático fue el día en que caí. "¿Por qué dejarías que esto pasara Dios?" Pregunté una y otra vez. La ira que sentía en contra de Dios combinada con la culpa y la vergüenza que sentía, me llevaron al límite.

Cuando las personas pasan por eventos traumáticos, a menudo recurren algo que los ayude a hacer frente: redes sociales, drogas, autolesión, relaciones o, en mi caso, alcohol. El licor se volvió mi mecanismo de supervivencia. Siempre tomé con prudencia (moderado), pero en el medio de mi valle de obscuridad, me cedí ante el monstruo que invadía mi alma. Cada noche deambulaba en un bar y ahogaba mis sentimientos hasta que apenas podía pararme y mis ojos estuvieran borrosos.

Había cuatro bares a corta distancia, entonces cada noche me encontraba en uno distinto, ahogando mis penas y aislándome de las personas a las que les importaba. Cada noche me tropezaba dentro de mi casa, ebriamente hablaba con Dios, lloraba y quedaba inconsciente.

Una noche bebí tanto que un amigo tuvo que llegar a recogerme. En mi estado de ebriedad maldije a Dios. Estaba tan enojado debido a los eventos por los que había estado pasando que golpeé el tablero de mi amigo y luego baje el vidrio y le grité a Dios: "¡Vamos, tu y yo, hijo de puta!" algunos de ustedes están consternados de que pudiera llamar a mi salvador con tales palabras, y además que las incluyera en un devocional. Sin embargo, como dije en la introducción, la vida real es complicada. No estoy orgulloso de que lo dije, pero sigue leyendo porque *necesito* que veas la respuesta de Dios.

Cuando llegamos a la casa de mi amigo, me tropecé fuera del auto y continúe gritando al cielo, pidiéndole a Dios "baja y pelea conmigo". Le dije que estaba cansado de ser un modelo a seguir, cansado de adecuarme a la cultura cristiana que estaba al borde del dolor y el peso era demasiado. Mientras golpeaba el suelo llovía. Luego se derramaba. En el suelo sosteniéndome con mis manos y rodillas llorando, tuve una visión de Dios llorando también. Su corazón se rompió por mí y él no quería pelear conmigo. Él quería amarme.

Mi corta visión no me detuvo de servir a mi otro Dios, solo proveyó un rayo de esperanza. Yo todavía quería estar adormecido. Intenté con múltiples consejeros, leí libros y pase por programas antes de mi divorcio. Estaba en el final. *Planeé rendirme.* No era fuerte para soportar.

Un par de semanas después de mi colapso y golpear el

tablero de mi amigo, llamé a mi papá. Necesitaba escucharlo de él. "¿Cuál es el significado de la vida?" pregunté. "¿Por qué estamos acá?"

Había luchado a través de esa pregunta antes: *"Para vivir tu vida bien"*, pensé. *"Hacer el mundo un mejor lugar, ¿verdad?, luego te mueres y otra generación hace la misma cosa. Y luego mueren. ¿Es todo?"*, Era como si estuviera escalando una montaña sin fin. ¿Cuál es el punto?

"Jake", mi papá empezó. "No tengo otra respuesta aparte de que creo que se supone que hagamos de una pequeña sección de este mundo mejor de lo que la encontramos". Aprecié su esfuerzo, pero no era suficiente para mí. Terminé yendo a un problema haciéndole saber que había "dejado de intentar escalar esa montaña". Estaba listo para admitir la derrota.

"Tú eres un buen hombre", continuó. "Uno de los mejores que conozco. Tú has logrado mucho en tu vida, pero si no dejas de beber, incluso esas preguntas no tendrán sentido. Se terminará y no tendrás nada".

Esa era la cruda verdad que necesitaba escuchar. Me abrió los ojos al hecho de que estaba adorando a otro Dios aparte de al que le había entregado mi corazón. Esa noche fui a casa y derramé cada gota de licor por el desagüe. No quería que mi mente y pensamientos fueran controlados por otro "señor". Quería que Cristo fuera mi señor y su amor se impregnara en mi vida. Estaba cansado de adormecerme y escapar. Por los siguientes seis meses cada día tomé la decisión de estar sobrio y me aseguré de no tomar un sorbo de alcohol.

En nuestras vidas, todos adoramos algo. Puede ser una relación, éxito, fama, dinero, trabajo, deportes o incluso nuestra identidad. Tomamos sorbos de estos dioses, nos intoxicamos por ellos y los servimos —a menudo inconscientes. A lo que servimos se vuelve nuestro señor y cuando serví al alcohol, se volvió mi señor. Lo que sea primordial en nuestras vidas, por lo que sea que digamos, "si fuera a perder esto, luego mi vida se acabaría" es a lo que adoramos. Lo que sea que pongamos en el trono de nuestros corazones se vuelve nuestro Dios y todo lo demás es secundario. Cuando puse al alcohol en el trono de mi corazón, el licor controló en mi vida. En su lugar, dejé a Jesús controlar mi vida una vez más.

Tal vez es tiempo de preguntarte: "¿Qué está sentado en el trono de mi corazón?"

1. Hazte la pregunta que planteé, "si fuera a perder esto, luego la vida se acabaría o no tendría sentido". ¿Es una relación amorosa?, ¿la forma en que te ves?, ¿una amistad?, ¿una carrera?, nómbralo.

2. ¿Por qué este objeto o idea tiene tanto control en tu vida?, ¿qué sientes que Dios te pide hacer para ponerlo a él en el trono de tu corazón una vez más (o tal vez por primera vez)?

*Porque algunos hombres han entrado encubiertamente, los que desde antes habían sido destinados para esta condenación, hombres impíos, que convierten en libertinaje la gracia de nuestro Dios, y niegan a Dios el único soberano, y a nuestro SEÑOR Jesucristo.*

—JUDAS 1:4

Hubo un tiempo en la vida cuando me juzgaba a mí mismo más duro de lo que hago ahora. Me volvía loco por los errores mínimos. Luego me menospreciaba a mí mismo —en mi cabeza— y recordaba lo "jodido" que estaba. Si, esas fueron las palabras exactas que utilice en mi cabeza.

Algunos de mis problemas de estima se derivan de las expectativas de mi padrastro al respecto de higiene y tareas del hogar. Si no rendía de acuerdo a sus estándares, lo escuchaba de él. No me tomen mal, él era un bueno hombre, pero meticuloso. Él era un obrero cuyo propio pasado le causó tomar algunas de sus frustraciones sobre mí. Entonces cuando él me daba una lista de tareas del hogar, él esperaba que fueran hechas a su manera y entre un marco de tiempo específico.

Como un adolecente rebelde, eso debió haber desordenado mi mente porque al pasar los años, me volví un perfeccionista que creía que si no hacía las cosas perfectamente, no valía la pena hacerlas. Sin embargo, una vez me convertí en cristiano, escuché de algo llamado gracia. Aprendí del amor de Dios, el perdón y que él vio a Cristo y no mis pecados y mis carencias. Aunque yo sentía no ser suficiente, era amado, aceptado y limpio ante sus ojos. *Justificación*, también conocida como la gran palabra teológica, este concepto cambio todo lo que conocía acerca de las expectativas y estándares. La gracia de Dios fue como el gran océano y mi pecado como una pluma flotando intentando hacer impacto en el inmenso mar azul.

Luego pasó algo malicioso. Cuando empecé a disfrutar de esta gracia recién descubierta en mi vida, tomé ventaja del precioso don de Dios y rechacé su mano guiadora. Observé la gracia de Dios como algo *tan inmenso* que me cubría incluso cuando abusé de ella. Aunque creo que esa es la cruda verdad de la gracia. Cubre nuestro pecado incluso cuando abusamos de ella, pero no quiere decir que esté bien.

Cuando abusamos de la gracia de Dios y continuamos viviendo en el pecado habitual e incluso sabemos que está mal, nos aparta de Dios. Dios desea cosas buenas para nuestras vidas, pero los hábitos insalubres y destructivos solo acarrean obscuridad y circunstancias negativas que dañan nuestro espíritu. Nuestra visión de Dios se distorsiona también. ¿Alguna vez haz(o conoces a alguien que haya) dicho?" Ya ni siquiera sé quién soy", el pecado nos puede mandar en direcciones en donde no podemos ver claramente. De repente, estamos perdidos, sin seguir a Dios y aceptando un estilo de vida destructivo donde nuestro pecado reina en lugar del Dios vivo.

El Apóstol Judas nos advierte de cómo algunos encontraron la gracia de Dios tan maravillosa en la iglesia primitiva, ellos terminaron haciendo cosas aún Más inmorales. Vemos lo mismo pasando en la iglesia de corintios cuando Pablo los amonestó por emborracharse con el vino de la comunión y dormir con sus madrastras (ver 1 Corintios 5:1, 11:17-22). Él se dirige a sus actos tan viles que ni los paganos los practican. ¿Por qué están abusando de la gracia? Nuestro pecado detiene nuestro crecimiento espiritual y nos aparta de Dios. Su gracia todavía está allí, pero nuestras decisiones nos llevan a estancarnos. ¿Cuántas veces te has sentido lejos de Dios y al mismo tiempo razonas tus malas decisiones?, *Sé que he hecho esto muchas veces.*

En mi vida, este verso fue una llamada de atención. Yo cuestioné mis motivos y pregunté: "¿Cuántas cosas hago que sé que no están bien? ¿Qué puedo hacer para asegurarme que un amigo rinda cuentas?" La pornografía era una de esas cosas. Seguía haciendo excusas y me prometía que "cambiaría". Seguía usando pornografía y me decía a mí mismo, "bueno estoy agradecido con Dios por su gracia".

Piensa en comportamientos destructivos que justificas en tu mente. Tal vez es uso de pornografía, ligar, invertir todo tu tiempo en las redes sociales o abuso de sustancias. La ola de culpabilidad que podamos sentir es un leve impulso de Dios mostrándonos que él tiene mejores circunstancias para nosotros en el horizonte que quedarnos estancados. Es importante recordar que la gracia de Dios deberá liderarnos a hábitos sanos. No los que nos destruyen.

1. Toma un momento para orar y ver donde sientes que Dios te está impulsando. En la Escritura ¿Dónde has leído algo que te ha condenado?, Escríbelo.

2. ¿Hay cosas que estás haciendo para justificarte diciendo, "Bueno, esto en realidad no es para tanto" o incluso "esto es anticuado" (ejemplo: vivir/acostarse juntos antes del matrimonio)?, ¿qué te hace creer esto?, ¿qué es lo que las Escrituras tienen para decir acerca de ello?, si no sabes, te aliento a investigar y ver qué es lo que las Escrituras enseñan.

*Si alguno quiere venir en pos de mí, niéguese a sí mismo, y tome su cruz, y sígame. Porque todo el que quiera salvar su vida, la perderá; y todo el que pierda su vida por causa de mí, la hallará.*
**—MATEO 16:24-25**

Antes que me uniera a mi banda, August Burns Red, era pintor. Pintaba apartamentos todos los días de nueve a cinco. Luego llegaba a mi casa, destapaba unas cervezas, me relajaba, salía con algunos amigos, y luego hacia lo mismo al siguiente día. Repetir todo. Pero siempre tuve este loco deseo de ser el líder de una banda e ir de gira a todo el mundo. Quería dejar un legado (no tenía idea de qué tipo de legado quería dejar).

Por mucho tiempo me acomodé. Acepté lo que la vida quería darme y lo que el mundo me ofreció. Viví de esa forma porque era cómodo. Seguro, quería un mejor auto, mejor paga y una relación amorosa. ¿Quién no quiere eso?, pero como la mayoría de estadounidenses, yo valoro el confort y mi vida familiar del día a día. La mayoría de nosotros tiene agua potable, comida en el refrigerador, internet, televisión y una cama donde dormir. *¿Por qué arriesgar este confort por un tonto sueño?, ¿por qué ir en contra de la corriente?*, pensamos de manera subconsciente. Finalmente, ese deseo de ser el líder me costó mi confort. Renuncié a mi trabajo en Carolina del Sur y conduje por doce horas para hacer audición con August Burns Red. Luego viví con el grupo de chicos de la banda (con quienes no tenía ninguna relación) en una camioneta incomoda por seis meses. No estaba ganando dinero, ni haciendo amigos específicos y mis familiares me dijeron que la banda me estaba usando y que debería renunciar y regresar a casa. Fue un momento de miedo en mi vida. Sacrifique mi confort y estaba en una trayectoria desconocida. Pero ahora soy un veterano en la industria del metal por doce años.

Cuando Jesús le dice a sus seguidores "toma tu cruz y sígueme", él planea que su declaración sea impactante. La cruz fue el símbolo de opresión y tortura en el primer siglo, y debemos recordar que Jesús dijo esto incluso antes de ir a la cruz. Su punto es ese, puedes jugar *seguro* y mantener la vida cómoda, o puedes seguir a Jesús. Te costará todo y te llevará a incomodidad intensa, pero encontrarás vida *eterna* en el proceso.

A menudo nos podemos envolver en nuestro confort, redes sociales, videojuegos, salir con amigos, compras, y nuevas baratijas que nos adormecen a la realidad de nuestras vidas. Es fácil olvidar a Dios cuando estas cómodo, pero los sueños y deseos que él puso en tu corazón no se van. Mientras más rechazas su llamada, más caes en desesperación porque no estás dispuesto a sacrificar tu confort para seguirlo a él. Puedes terminar molesto con Dios por no cumplir los deseos que él ha puesto en tu corazón porque no estás dispuesto a salir de tu zona de confort y escalar la montaña.

Hace años me senté fuera de La Casa del Blues de Chicago preguntándole a Dios que quería que hiciera para agradecerles a mis fans. Su respuesta fue HeartSupport, la organización sin fines de lucro que produjo este libro y que ha ayudado a librar a miles de hombres y mujeres del suicidio, adicción y abuso para que puedan crear un legado de transformación de vida. Pero para hacer eso, una vez más tuve que tomar mi cruz y seguirlo en las buenas y malas. No tenía idea de cómo empezar una organización sin fines de lucro, pero sabía que iba a ser a donde Dios me guiare. Con esa elección vino la incomodidad, pero ha valido la pena. No solo me ha guiado a una vida más llena y profunda sino también ha ayudado a miles a llegar a ese mismo punto.

Cada día, Jesús nos pide que destruyamos nuestro confort y tomemos nuestra cruz. Esa cruz, para cada creyente, es el sacrificio de nuestros deseos carnales para seguir la dirección de Cristo. ¿Dónde él te está pidiendo que sientas incomodidad?

1. Haz una lista de algunos deseos que Dios ha puesto en tu corazón. ¿Qué te impide cumplirlos?, ¿por qué no quieres?

2. Visualízate haciendo las cosas en la lista. ¿Cómo sería?, ¿qué haría por otras personas?, ¿qué haría por el mundo, el difundir el amor de Dios a otros?, ¿vale la pena?

*Hermanos, yo mismo no pretendo haberlo ya alcanzado; pero una cosa hago: olvidando ciertamente lo que queda atrás, y extendiéndome a lo que está delante, prosigo a la meta, al premio del supremo llamamiento de Dios en Cristo Jesús.*

**—FILIPENSES 3:13-14**

Crecí en un hogar separado. Lo que recuerdo es mucho abuso verbal y división familiar, culminando en divorcio. Mi casa estaba llena de ira y resentimiento. No tenía una figura paterna hasta que mi mamá se casó de nuevo, pero incluso en ese momento mi padrastro y yo no llevábamos bien las cosas. Viví en una familia de bajos ingresos, y por un tiempo, vivimos de cupones para alimentos. También recibí precio reducido en comida en la escuela. A tal temprana edad tenía muchas cargas. Los niños de la escuela me me hacían bullying y yo aún me estaba recuperando del divorcio de mis padres. No me gustaba mi padrastro y estaba intentando entender cómo se veía el ser un hombre. La mayoría de días me sentía como un marginado.

Como muchos otros chichos jóvenes, me descargaba en ira intentando ganar respeto y aprobación. Tomé decisiones sin cuidado y ligué con muchas mujeres pensando que me haría sentir amado. Me sentí más avergonzado. Nunca me di cuenta del tan negativo impacto hasta que llegué a un programa de doce pasos. (Muchas personas asumen que pasas el programa porque eres alcohólico o drogadicto. Sin embargo, descubrí que muchas iglesias usan programas de doce pasos como proceso de recuperación para sanidad de todo tipo de heridas causadas por el pasado). Primero, ni siquiera estaba seguro de por qué estaba allí, pero sabía que algo andaba mal conmigo porque mi pasado seguía acechando.

A través del proceso, mis heridas principales emergieron a la superficie, y descubrí que había escondido mucho resentimiento. Mi pasado fue, de hecho, respirar toxicidad en mi vida presente. El trabajar en el programa de doce pasos causó que hiciera cambios y que perdonara a aquellos que me habían lastimado en el pasado. Me liberó no sólo para amar a mis enemigos sino a amarme a mí mismo.

En Filipenses 3, el Apóstol Pablo le recordó a la iglesia de Filipos que él todavía cometía errores, y su retorno le ganó al mío. Él torturó, aprisionó y mató cristianos antes de convertirse, pero no dejo que su pasado dictara su futuro. Él siguió adelante con Cristo como su meta. Solo imagina ¿Cuánta vergüenza y culpa pudo haber sentido él por esta parte de su vida?, En cambio, él no dejo que sus heridas y pecados del pasado dictaran quien era en el presente.

Cuando pasé por el proceso, me di cuenta que esto debía ser verdad para mí también. Podía darle autoridad a mi pasado de dictar quien era o cómo mi vida se iba a desarrollar, o podía avanzar teniendo a Cristo y lo que dijo de mí.

Cuando *elegimos* liberarnos de nuestro pasado, es porque nos vemos como Cristo nos ve: santos y sin culpa debido a su vida, muerte y resurrección que cubre nuestro pasado. Tenemos un padre. No somos ni alcohólicos ni adictos. No somos ni víctimas. Todas esas palabras que la gente y la sociedad nos han lanzado no tienen ningún poder sobre nosotros porque Jesús nos da un nuevo corazón y una nueva mente que respira su eterno amor en nuestro ser. Pero es una decisión, y esa es la parte difícil. Podemos ceder nuestra identidad a Cristo y dejar que nos otorgue una nueva, o podemos continuar creyendo las mentiras que los acusadores nos susurran.

Como Pablo nos recuerda, tropezaremos a lo largo del camino. La vida de fe y nuestra identidad en Cristo es un maratón, no una carrera. La meta de un maratón para la mayoría de la gente es completarlo. Mientras sigas corriendo, llegarás a la línea final y No olvides mantener tus ojos sobre la línea final y en Cristo, el redentor.

1. Escribe una de las tres mentiras que crees sobre ti que Dios nunca diría acerca de ti (Por ejemplo: "Soy tonto" / "No valgo mucho" / "Todos me odian" / "Soy un adicto y siempre seré").

2. Ahora toma un tiempo, ora y pregúntale a Dios qué es lo que dice acerca de ti. Escribe lo que escuchas que Dios dice acerca de ti.

3. Finalmente, mira tus mentiras versus la verdad de Dios y di "No soy un_____ (idiota, adicto, pervertido), pero Dios dice que soy _____ (lo que sea que Dios dijo acerca de ti).

*El Espíritu de Jehová el Señor está sobre mí, porque me ungió Jehová; me ha enviado a predicar buenas nuevas a los abatidos, a vendar a los quebrantados de corazón, a publicar libertad a los cautivos, y a los presos apertura de la cárcel; a proclamar el año de la buena voluntad de Jehová, y el día de venganza del Dios nuestro; a consolar a todos los enlutados; a ordenar que a los afligidos de Sion se les dé gloria en lugar de ceniza, óleo de gozo en lugar de luto, manto de alegría en lugar del espíritu angustiado; y serán llamados árboles de justicia, plantío de Jehová, para gloria suya.*

**—ISAÍAS 61:1-3**

Estos versos en Isaías me fueron hablados por medio de un fan una tarde después de una presentación. Me dijo: "Creo que esta Escritura es lo que estás haciendo con tu vida y música".

Fui escéptico al principio, pero ahora creo que es verdad. Esta Escritura es mejor conocida por ser un texto profético apuntando al Mesías. Incluso Jesús lo citó en la sinagoga en su ciudad después de haber sido tentado en el desierto (ver Lucas

4:18).Cuando Jesús mandó a setenta y dos de sus discípulos, los hizo cumplir este texto mientras traían buenas nuevas y sanaban a los oprimidos y quebrantados de corazón.

Dios nos da a cada uno de nosotros diferentes talentos y habilidades. Yo fui dado con la habilidad de usar mis cuerdas vocales para gritar en el escenario, lo cual me llevó a una plataforma en donde puedo impactar a las personas. No importa qué habilidad tengas, en realidad la pregunta es: "¿Qué harás con lo que se te ha dado?"

Cuando dejamos que el Espíritu haga su trabajo en nosotros, seguimos a Cristo. Cuando le permites al Espíritu Santo trabajar en ti, Cristo te llevará en su *camino*. Lo que mucha gente no sabe es que el término *cristiano* nunca aparece hasta que se usa en Antioquía (grabado en Hechos 11:26). Originalmente, los seguidores de Jesús se refieren a su fe y al Espíritu guía como solo "el Camino".

Cada persona en la tierra tiene una historia especial por la cual caminar o dones a utilizar en su camino. El mundo intentará decirte algo diferente. El mundo y el diablo atacarán tus inseguridades, luchas, dolor, culpa y vergüenza y te dirán que tus fracasos te descalifican de creer y tener éxito en el camino. Pero la voz gentil de Dios nos recuerda que su Espíritu está sobre nosotros. Harás grandes obras para acarrear su gloria tal y como te lo prometió. Pero deberás ser lo suficientemente sensible para escuchar esa voz. Su dulce voz limpiará tu mente y te cambiará para que puedas vivir la vida que Dios ha planeado.

Si bien nunca puedas ser un actor famoso, pintar una obra maestra, o ser un atleta asombroso, mientras sigas el Camino, el espíritu de Dios está en ti y te llevará a hacer cosas asombrosas.

No aceptes la mentira de las redes sociales que dicen que eres exitoso solo si tienes miles de seguidores o "me gusta" junto a tus publicaciones.

Desde que Dios armó tu historia, te puedo garantizar que su Espíritu te guiará a hacer cosas increíbles que, aunque puedan pasar desapercibidas, tienen un gran valor en la tierra y en la vida venidera, *especialmente para aquellos que te rodean.*

1. ¿En qué parte de tu vida crees que no estás calificado o que Dios no te podría usar?, ¿por qué?

2. ¿Cómo puedes ayudar a otros con luchas (incluso si tú tienes luchas)? ¿cuál es una forma en la que puedes bendecir a otros hoy?

*Toda la Escritura es inspirada por Dios, y útil para enseñar, para redargüir, para corregir, para instruir en justicia.*

**—2 TIMOTEO 3:16**

Hubo un tiempo en mi vida en donde la teología (el estudio acerca de Dios) me volvió en un religioso legalista. En lugar de volverme más amoroso, misericordioso y compasivo como Jesús, me volví prejuicioso y condenaba a las personas tanto del lado liberal como el conservador de la Cristiandad por sus pecados y "errores". Olvidaba que tenía muchas carencias (de las cuales ya escucharon). Me volví tan obsesivo con la idea de Dios y sus mandamientos que no le estaba escuchando cuando me hablaba a través de las Escrituras.

En el pasado cuando leía la Biblia y oraba, aprendía algo acerca de mí mismo y a donde Dios me llevaba. Pero con el pasar del tiempo, mi obsesión con la teología se volvió en Escrituras inspiradas por Dios y vivificadoras en piezas de un rompecabezas que necesitaba solución. La Escritura se volvió esta piedra inamovible que podía significar una cosa o ser interpretada en una manera específica.

Una mañana desperté y baje las escaleras para hacer un café. Mientras mi café estaba listo, tomé mi periódico y mi Biblia y luego le escribí una carta a Dios. Escribí de lo arrepentido que estaba, los pecados que había cometido y como lo "mejoraría" y "sería más fuerte". Sentí que estaba intentando *ganar* mi propia vía a la gracia de Dios y sentí la necesidad de buscar lo que algunos teólogos estupendos tenían para decir al respecto. Corrí para subir las escaleras hacia mi cuarto donde mi esposa se encontraba durmiendo y abrí mi libro sistemático de teología y empecé a estudiar, escribir y tomar notas palabra por palabra. Cuando mi esposa despertó, me encontró derramado sobre mis notas y el libro, luego dijo algo que se volvió una llamada de atención: "Jake, todo lo que haces es estudiar teología. Te está cambiando".

Ella era la única persona que de verdad vio lo que estaba pasando. Yo ya no estaba siendo movido por la palabra de Dios para crecer más cerca de él y más profundo en mi relación. Estaba usando la Biblia como una lista de control para asegurarme que tenía todas las respuestas, y cuando fallaba solo significaba que intentaría más fuerte para encajar las piezas del rompecabezas juntas. Dejaba la gracia y misericordia a un lado y me di cuenta que la palabra de Dios ya no me estaba enseñando porque no quería escuchar. Me había dado cuenta que las Escrituras no tienen un tiempo específico. Puedes leer un pasaje ahora, y te hablará con respecto a tu situación actual. Pero en cinco años, el mismo pasaje puede hablarte en una situación totalmente distinta.

Mientras que leer la Biblia y estudiar más acerca de Dios es algo bueno, incluso las cosas buenas se pueden volver malas. La comida, seguramente no es maligna. La necesitamos para vivir, pero se puede volver una obsesión o un dios para nosotros. La misma verdad aplica para el sexo. El sexo es un regalo hermoso de Dios, pero si lo distorsionas, se vuelve destructivo. Lo que había descubierto era que la Biblia no cargó la cruz y murió por mí. *Jesús lo hizo.* A través de las Escrituras, el Jesús que vive y respira todavía nos habla y las palabras en la Biblia continúan dando convicción y llevándonos a un nivel más profundo hacia él. No podemos olvidar que la historia abordada en la Biblia es una de redención y perdón. El hombre continúa fallando, y Dios continúa perdonando. A menudo somos las personas más egoístas cuando leemos la Biblia. Buscamos circunstancias en nuestras vidas y pensamos, "¿Actualmente tengo este problema en mi vida, entonces qué verso me haría mejor?" En cambio, deberíamos dejar que las Escrituras *nos lean* y que hagan que Dios nos encuentre en nuestro desorden, especialmente en las partes que intentamos esconder. El problema que deseamos arreglar puede no ser el problema en el que Dios esté trabajando. Debemos dejar que la Biblia y Dios hablen en secreto a nuestro corazón y nos den convicción para cambiar.

En el minuto que creemos que sabemos todas las cosas en la Escritura es el momento en el que no sabemos nada. Las usamos como una herramienta de auto ayuda y obtenemos lo opuesto a dejar que los versos respiren vida en nosotros.

Entonces la siguiente vez que tomes la Biblia, pídele a Dios que sea él quien te encuentre con sus palabras y no solo el pasaje que quieres escoger para sentirte mejor.

1. Escribe algunos versos de la Biblia que llamen tu atención o que te hayan hablado en el pasado.

2. Pídele a Dios que te hable acerca de esos versos y qué te quiere enseñar. No predetermines cosas como trabajo, placer o negocios, sino áreas de tu corazón donde haya problemas serios de ira, dolor, autoestima, identidad o incluso felicidad. Ve lo que su dulce voz dice y escribe tus sentimientos, pensamientos y convicciones. Luego ora para que puedas ser dirigido a tomar pasos proactivos a donde Dios te está llevando.

*Pero a vosotros los que oís, os digo: Amad a vuestros enemigos, haced bien a los que os aborrecen; bendecid a los que os maldicen, y orad por los que os calumnian.*

**—LUCAS 6:27-28**

Mi novia me engañó mientras estaba de gira.

En mis veintes cuando August Burns Red estaba tomando impulso, había estado saliendo con la misma chica cerca de dos años. Estaba seguro que ella sería mi esposa. Mientras que la mayoría ha sido engañado, aquí es donde la herida duele más: ella me engañó con mi mejor amigo. La peor parte fue que todavía me encontraba con la banda cuando lo supe. Estaba devastado. No podía creer que la mujer con la que había planeado casarme y mi mejor amigo me habían traicionado. Con mi corazón en la mano y lágrimas en mis ojos le pregunté a Dios: "¿¡Ahora qué!?, ¿qué hago?"

La mayoría de nosotros estamos dispuestos a perdonar amigos y miembros de la familia por pequeños desaires que han cometido. Tal vez algunos más grandes. Pero yo creo que para la mayoría de nosotros hay personas que si se nos pide que perdonemos, pensaríamos que de ninguna manera.

Tan iluminados como pretendemos ser, no nos cuesta aplicar el viejo código de "ojo por ojo" y nos hace felices cuando una persona "tuvo su merecido". Nosotros incluso decimos cosas como "el karma les llegará al final". Sin embargo, implora la pregunta: *¿Has sentido amor o te has convertido en mejor persona por lastimar a alguien más o guardarle rencor?*, Si algo está roto y todavía lo golpeas con un martillo, ¿Crees que se arreglará de esa forma?

Lo que es interesante de estos versos es que Jesús termina tomando una dosis de su propia medicina. Primero, fue golpeado y azotado, luego crucificado con clavos en manos y pies, finalmente atravesado con una lanza en el costado hasta desangrar en frente de su gente. Todavía, en el hecho de brutalidad Jesús tomó nuestro pecado sobre él para que podamos ser perdonados. ¡Él duplicó, y perdonó a la gente que lo crucificó!, Entonces cuando Cristo nos manda a que amemos a nuestros enemigos, ese mandamiento no viene de una lengua falsa. Porque Cristo nos dice que lo imitemos y escojamos el amor sobre la venganza, él espera que hagamos lo mismo sin importar que tan mal esté la situación. Esto no significa que confiemos en los que nos han lastimado, porque la confianza se gana. Pero ¿Por qué llevar cargas cuando Cristo las ha llevado por nosotros? eso es lo que él espera.

Jesús nos pide que caminemos fuera de nuestras fronteras condicionales de amor y caminemos sobre un lugar espiritual de amor incondicional. Cuando sometemos nuestras vidas a orar por la gente que nos ha avergonzado o lastimado profundamente, encontramos libertad. Elegimos amor sobre resentimiento, compasión sobre orgullo y sanidad sobre el dolor. Es fácil hacer una lista de razones por las cuales alguien no merece nuestro perdón pero sobre nosotros se cierne la cruz, lo que nos recuerda es perdonar y amar a aquellos que no merecen nuestro perdón. Una vez vemos cuán hermoso y amoroso es Cristo gracias a su sacrificio que nos ayuda y alienta a reflejar esa misma gracia y misericordia a aquellos quienes nos han ofendido.

El día que supe acerca de la traición de mi novia con mi amigo, Dios me habló mientras yo lloraba. ¿Quieres saber lo que me dijo?

*"Perdona."*

Sabía que necesitaba perdonarlos y continuar con mi vida. Entonces mientras estaba en la gira, llamé tanto a mi novia como a mi ex mejor amigo. Si estoy haciendo que esto suene fácil, no lo fue. Debía juntar cada gota de fuerza que tenía porque no quería perdonarlo. Quería sacarle la mierda. Pero la voz de Dios siguió llevándome hacia el perdón, y cuando les hablé y los perdoné, Dios me enseñó algo. Al perdonarlos, no debía cargar en mi corazón lo que habían hecho. No debía llevar la carga de la herida, y también me enseñó buenos límites. Aprendí lo que debía y lo que no debía aceptar en una relación, y cómo tratar a otros como me gustaría que me trataran. ¿Me creerías si te dijera que todavía somos amigos?, lo divertido es que soy amigo de ambos. No tan cercanos, pero mi viejo mejor amigo y yo hablamos por lo menos una vez al mes para informarnos de ambos y orar.

Lo que Jesús trata de mostrarnos es cómo es que perdonando a tus enemigos puede mover montañas en tu vida y traerte libertad y sanidad. La amargura y falta de perdón solo envenena tu alma hasta que se pudre. Pero el perdón respira amor. Y el amor alimenta la sabiduría y la paz.

1. ¿A quién debes perdonar pero te está costando trabajo?, ¿por qué?, ¿qué hicieron?

2. ¿Qué pasos puedes seguir para perdonar a tus "enemigos"?, Tal vez empezar solo diciendo las palabras hasta que un día las sientas. Continúa viendo como Cristo perdona tus errores y deja que su ejemplo te vuelva humilde.

*Un hombre principal le preguntó, diciendo: Maestro bueno, ¿Qué haré para heredar la vida eterna? Jesús le dijo: ¿Por qué me llamas bueno? Ninguno hay bueno, sino sólo Dios. Los mandamientos sabes: No adulterarás, no matarás, no hurtarás, no dirás falso testimonio; honra a tu padre y a tu madre. Él dijo: Todo esto lo he guardado desde mi juventud. Jesús, oyendo esto, le dijo: Aún te falta una cosa: vende todo lo que tienes, y dalo a los pobres, y tendrás tesoro en el cielo; y ven, sígueme. Entonces él, oyendo esto, se puso muy triste, porque era muy rico. Al ver Jesús que se había entristecido mucho, dijo: ¡Cuán difícilmente entrarán en el reino de Dios lo que tienen riquezas!*

**—LUCAS 18:18-24**

Muy temprano en mi vida estaba obsesionado con mi auto y videojuegos. Cuando llegaba a casa del trabajo, escuela o de gira durante mis primeros años en August Burns Red, habían sólo dos cosas que me importaban: lavar o modificar mi auto y jugar videojuegos. En ese momento, tenía un Volkswagen GTi

Turbo y probablemente invertí $10000 en ese auto. Le puse llantas nuevas, intercooler de montaje frontal, admisión de aire frío, escape nuevo, una antena de aleta de tiburón y un juego de copas para suspensión. Tal vez eso suena como los de la tienda te hablan a ti, pero todas estas cosas tomaron tiempo y dinero, el cual despilfarré en el auto. Mi Volkswagen se volvió la cosa que más importaba, y era difícil deshacerme de él. Segundo lugar, después de mi auto, era jugar videojuegos como Call of Duty o las series de NHL de EA en mi Xbox y PlayStation. ¡A veces tenía tan buena racha que jugaba durante ocho horas seguidas!

Ambos "pasatiempos" se volvieron las distracciones en mi vida que tomaron mi tiempo y en lo que me obsesioné. Me enojaba cuando no ganaba en los videojuegos, y socializaba menos. Cuando salía, invertía tiempo con amigos poco sanos que hacían cosas peligrosas. Llegaba a la autopista y corría contra otros autos que aceleraban a 225 km/h. Cada vez más, mi auto y mis videojuegos se volvieron las cosas que me consumieron y me hicieron feliz. Si los hubiera perdido, hubiera sido aplastante.

En la vida, hay cosas simples que nos divierten y que asumimos no son un gran problema. Tal vez un novio o una novia. Tal vez es un auto y videojuegos, como yo. Un trabajo. Incluso algo bueno, como tu cuenta de ahorro. La pregunta de Jesús para el joven hombre principal penetra nuestro corazón porque tenemos ídolos similares. Cuando era más joven, la pregunta de Jesús pudo haber sido "¿Venderías tu auto y Xbox para venir y seguirme?" le habría dado la espalda. Ahora, sería algo como "¿Dejarías a tu banda y servirías a los pordioseros?" Mientras mi banda es una buena cosa y me permite comer y aconsejar a las personas, en el momento en que ponemos a algo (personas, posesiones materiales, carreras) primero en nuestras vidas es cuando Cristo se vuelve secundario.

Siendo honestos, casi todos nosotros tenemos algo que ponemos antes que nuestra relación con Dios. De hecho, en lo que ponemos nuestro tiempo, energía y esfuerzo es a lo que adoramos. Para el joven hombre principal, él no pudo poner su dinero en juego. Par mí, no podía poner en juego mi auto y videojuegos. No está mal tener bienes terrenales, ya que son regalos de Dios, pero cuando no estamos dispuestos a seguir a Cristo, cuando él nos los pide, bueno, luego nos damos cuenta qué es lo que más importa.

Como el joven hombre principal, podemos no convertir las palabras en acciones. Podemos dar el diezmo, ir a la iglesia, leer nuestras Biblias e incluso servir en la comunidad, pero muy en el fondo sabemos cuando estamos evitando a Dios, y él siempre irá directo al corazón y ver lo que nos está deteniendo.

Jesús siempre querrá lo que guardas con más fuerza en tu corazón ¿sabes por qué?, Porque él quiere tu afecto primordial y adoración. Te puedes preguntar ¿Por qué él nos pediría que dejáramos cosas buenas?, Cada vez que cedemos algo a lo que nos hemos aferrado, nos da libertad para aferrarnos a nuestro salvador. Cada vez que le cedemos el control a Cristo, él cumple su promesa para una vida más firme con él.

Más, se siente bien, no ser codicioso. Se siente genial, no ser adicto. Se siente bien, no engañar. Además, se siente genial, vivir con honor e integridad en un mundo donde no los hay.

Dios no sólo quiere palabrería de mí en donde parezca otro religioso hombre principal. Y estoy seguro que tampoco espera lo mismo de ti.

1. Escribe tres objetos que aprecies y que tendrías problemas al dejar ir (por ejemplo, una relación, amistad, auto, trabajo, dinero, autolesión, drogas, alcohol). ¿Por qué no los quieres dejar ir?

2. ¿De qué tres maneras puedes entregar esos objetos a Dios y vivir de una manera generosa? ¿Qué necesitas hacer para alejarte de esos objetos?

*Aconteció que acercándose Jesús a Jericó, un ciego estaba sentado junto al camino mendigando; y al oír a la multitud que pasaba, preguntó qué era aquello. Y le dijeron que pasaba Jesús nazareno. Entonces dio voces, diciendo: ¡Jesús, Hijo de David, ten misericordia de mí! Y los que iban delante le reprendían para que callase; pero él clamaba mucho más: ¡Hijo de David, ten misericordia de mí! Jesús entonces, deteniéndose, mandó a traerle a su presencia; y cuando llegó, le preguntó, diciendo: ¿Qué quieres que te haga? Y él dijo: Señor, que reciba la vista. Jesús le dijo: Recíbela, tu fe te ha salvado. Y luego vio, y le seguía, glorificando a Dios; y todo el pueblo, cuando vio aquello, dio alabanza a Dios.*

**—LUCAS 18:35-43**

Como la mayoría de hombres, he luchado con la pornografía. Mi buen amigo y Director Ejecutivo de HeartSupport, Ben Sledge, estudia muchas de las tendencias del porno y habla acerca del tema, ya que él fue un exadicto. Las estadísticas que él comparte son impactantes y aterradoras. Una encuesta realizada a hombres cristianos, muestra que más del 50 por ciento dijeron haber sido adictos –no solo ver– sino, haber sido adictos al porno.

Una noche, aunque era un seguidor de Cristo, estaba viendo porno explícito. A cierto punto, recuerdo haber pensado: "¿¡Está bien ver esto!?" Esta es la hija de alguien, y este chico la está tratando como basura y acá estoy mirando". Deberás preguntarte que es lo que esto le hace a la gente psicológicamente cuando ven estas cosas de forma repetida. Los estudios muestran que el porno provoca condiciones neurológicas y reconecta el cerebro. Diablos, en una encuesta realizada en 2012 a mil quinientos hombres jóvenes adultos, muestra que el 56 por ciento dijeron que sus gustos en la pornografía se había vuelto: "cada vez más extremos o anormal". Más a menudo, vemos hombres volverse sexualmente agresivos y todos los reportes y casos de abusos en la sociedad y en nuestras iglesias, muestran que es un problema mayor.

Probablemente te estarás preguntando qué tiene que ver el porno con Lucas 18 y un mendigo, ¿verdad?

Por mucho tiempo, puse al porno como algo por lo que debería ser condenado. Dios se dirigió a mí acerca del material que estaba poniendo en mi mente y mi respuesta fue: "Sí, bueno, suena bien", pero luego continuaba viendo. En este pasaje de la Escritura, vemos a un hombre ciego buscando ayuda. No solamente era ciego, Lucas escribió que también era pobre. Cuando él suplicó ayuda, la multitud lo reprendió. Lo interesante del caso, el mendigo estaba ciego y necesitaba ayuda. Pero nadie quería ayudarlo. Plantea la pregunta: *¿Quién está ciego en realidad?*, ¿el hombre ciego o la multitud?

En nuestras vidas, cada uno de nosotros se puede volver espiritualmente ciego a la guía de Dios. Mi ceguera era el porno. Cada vez que Dios se dirigía a mí y me decía: "esto es un problema", como la multitud, yo le callaba. Estaba más enamorado de la idea de Jesús como salvador que él siendo el Salvador de mi vida. *¿Pero y el pobre mendigo?*, Al menos sabía dónde estaba y que nada lo detendría de ser sanado. Acá estaba el hombre quien no tenía casa, trabajo, dinero y probablemente nadie a quien le importara. Él sabía lo que necesitaba. Una vez el hombre puso su fe y todo lo que tenía en Cristo, ¿Qué pasó?, Él fue sanado.

Como sociedad normalizamos o incluso reímos de numerosos defectos o carencias. Para muchos hombres, eso puede ser el porno. Para otros, puede ser una relación poco sana con el trabajo o alguien con quien estén saliendo. Para otros pueden ser problemas como la automutilación o un desorden alimenticio. Cuando Jesús nos sana, como la multitud, nosotros lo callamos. Nosotros sabemos que es un problema pero nos decimos a nosotros mismos "lo vamos a tratar luego" porque se ha convertido en un hábito y estamos cómodos mientras tanto, o incluso podemos pensar: "¿Por qué molestarse?"

Hasta que alcanzamos el límite y nos damos cuenta de lo pobres y ciegos que estamos, sino nada cambiará. Una vez estamos dispuestos a suplicar y dejar que Cristo nos sane, ahí es donde él se involucra, pero hasta ese momento no nos diferenciamos de la multitud, haciendo callar a las súplicas de nuestro corazón y el de otros alrededor.

Tal vez, de lo que necesitamos darnos cuenta, es de los que el autor Brennan Manning dijo una vez: "Un pervertido sabe que solo es un mendigo a la puerta de la misericordia de Dios". Y una vez nos damos cuenta, la sanidad puede empezar.

1. ¿Cuál es un pecado en tu vida al que has protegido y defendido de Dios?, Tal vez has justificado un comportamiento destructivo o decirte a ti mismo "no es para tanto".

2. Si sientes que Dios te está presionando en esa área, ¿Por qué te resistes?, ¿cuál es tu mayor miedo al admitir la verdad o encontrar sanidad?

3. Ahora admite estas áreas a Dios y pide al Espíritu Santo algunos pasos a seguir. ¿Qué te dijo?

*Pedid, y se os dará; buscad, y hallaréis; llamad, y se os abrirá.*
*Porque todo aquel que pide, recibe; y el que busca, halla; y al que*
*llama, se le abrirá.*

**—S. MATEO 7:7**

Cuando acababa de unirme a August Burns Red, fuimos
de gira como locos con poco tiempo o nada de descanso. Las
condiciones eran brutales. Tocábamos en una presentación y
salíamos del club alrededor de media noche. A veces, luego
de eso, teníamos que conducir por 8 o más horas al siguiente
lugar. Vivíamos en una camioneta y dormíamos en bancas en la
parte trasera. Dos de nosotros conducían (uno para mantener al
conductor despierto), mientras que los otros dormían. Después
de 200 millas llenábamos el tanque y cambiábamos para que el
conductor y pasajero durmieran. Nos deteníamos en Walmart

o en una parada de remolques y nos bañábamos en el fregadero. Normalmente, llegábamos al lugar cerca de las dos de la tarde solo para descargar, hacer prueba de sonido, y repetir todo el proceso de nuevo.

Cuando estás empezando en una banda –e incluso, cuando la banda empieza a crecer–estás en quiebra. Yo vivía en la casa de los padres de Brent (uno de nuestros guitarristas) porque después de cada gira, cada uno hacía entre quinientos y mil dólares para pagar facturas. Finalmente, el desgaste me atrapó. Después de una gira en Europa con Bring Me the Horizon, regresamos a casa para apoyar a Underoath en una gira. Le dije a mi manager: "oye, sé que estamos tratando ser exitosos, pero no puede seguir haciendo esto. Mi cuerpo está desgastado". Él estuvo de acuerdo y nos consiguió un tiempo libre.

Meterse en la escena era difícil, pero íbamos mucho de gira. Antes que la banda creciera, tuvimos conversaciones acerca de cómo sería estar en la portada de la revista *Alternative Press (AP)*. AP era la revista para la escena cuando yo estaba creciendo, y yo era fan desde que tenía dieciséis años. ¡Estar en la portada había sido uno de mis sueños hechos realidad!

"¿Oye Brent?, ¿crees que  tocaremos en festivales grandes o iremos de gira a Europa? y ¿tal vez hasta aparecer en la portada de AP?"

"Si hermano, creo que estaremos", siempre fue la respuesta de Brent.

Si sabes algo de mí o mi banda, entonces encontrarás esto gracioso porque ya hemos ido de gira a Europa, Australia, Japón y el Sureste de Asia. También aterrizamos en la portada de *AP* para una edición especial del Warped Tour. Pero nunca en un millón de años hubiera creído lo que Dios tenía guardado para mí después.

Una mañana desperté con un mensaje de mi manager. El mensaje decía: "felicidades chicos, han sido nominados para un Grammy!" Medio dormido, pensé que estaba bromeando y Contesté: "¿Cómo, un Grammy *real?*" El momento en que supe que era verdad fue irreal. Nadie –repito nadie– se une a una banda de metal pensando "Si claro, vamos y ganemos un Grammy".

La persona promedio podría decir, "¡trabajas duro, bien hecho!" Pero no era yo. Cuando recién empezaba con la banda, yo era un cristiano nuevo, empezaba a aprender cómo seguir a Jesús. Jesús y la banda eran mis prioridades. Tal y como Pablo escribió: "Cosas que ojo no vio, ni oído oyó, Ni han subido en corazón de hombre, Son las que Dios ha preparado para los que le aman" (1 Corintios 2:9), no tenía idea de lo que Dios había guardado para mí mientras más lo seguía. Pero seguí tocando y buscando, orando y pidiendo.

Comparto estos logros no para presumir, sino porque pensé que *ninguno* de ellos sería parte de mi vida musical. Como cristianos, nuestra relación con Cristo requiere confianza, intimidad y acciones. Puedo orar para convertirme en músico, pero si nunca empiezo a escribir música y me acuesto en mi cama esperando el golpe de suerte, ¿Es esa la oración que Dios respeta?, La relación que tenemos con Cristo requiere participantes que estén dispuestos. Me encanta el dicho: "Son necesarios dos". Para alcanzar cualquier cosa se necesita de mí y Dios. Amo y respeto a Dios por que él me amó y respetó primero. Él se goza en dar y otorgar buenos regalos a sus hijos. Cristo también pone convicción en mi corazón, y porque lo amo y respeto, actuó en la convicción que siento. La parte hermosa acerca de la relación con Cristo, es su pacto de gracia. Incluso cuando no respeto o amo a Dios o cuando descuido la convicción en mi corazón, él *todavía* me ama. Por su pacto y don, nada de lo que yo haga puede romper ese vínculo. No puede borrar lo que Jesús hizo en la cruz. La salvación es un regalo, y él nunca la quitará. Entonces sigue pidiendo. Sigue buscando. Toca y pide, que la puerta se abra, pero no seas apático en el proceso. Sé socio de Jesús. Puede que te sorprendas de lo que pasa en tu vida cuando lo sigues y giras tu voluntad y dirección hacia él. Se pueden abrir puertas más allá de tu imaginación más alocada. A donde sea que Dios te lleve, te puedo garantizar que te va a sorprender.

1. Lista dos o tres obstáculos en tu vida. Luego ora y pide a Dios una visión o palabra para superar los obstáculos y montañas por las que estás pasando. Una por una, mira tú lista y escribe lo que Dios te dijo.

2. Recuerda la lista semanalmente o mensualmente para enfocarte en el futuro y cómo puedes asociarte a Dios. Enfócate en los caminos, decisiones o elecciones que puedes tomar para seguir adelante en la sanidad o superar tus montañas.

*Pasando Jesús de allí, le siguieron dos ciegos, dando voces y diciendo: ¡Ten misericordia de nosotros, Hijo de David! Y llegando a la casa, vinieron a él los ciegos; y Jesús les dijo: ¿Creéis que puedo hacer esto? Ellos dijeron: Sí, señor. Entonces les tocó los ojos, diciendo: Conforme a vuestra fe os sea hecho. Y los ojos de ellos fueron abiertos. Y Jesús les encargó rigurosamente, diciendo: Mirad que nadie lo sepa.*

**—S. MATEO 9:27-30**

Muchas personas me han preguntado: ¿Cuándo supe que quería ser el líder de una banda?, ¿mi respuesta?, *Siempre.* Siempre lo supe.

Cuando tenía dieciséis, empecé cantando en una banda pop punk llamada Smash Adams fuera de Columbia, Carolina del Sur. Después que esa banda fracasara, empecé cerca de otras cinco bandas. Estaba comprometido, aunque cada banda seguía fracasando. Tuve dos trabajos de tiempo completo –uno en Hot Topic y el otro en CiCi's Pizza– Sólo para mantener las bandas. Cuando no estaba trabajando, estaba en un ensayo práctico. Incluso vendí mi Nissan Maxima 1991, por una cargo van Bell South para que pudiéramos ir de gira. Después, trabajé para una compañía de camisas, y en lugar de mi cheque me imprimían las playeras de mi banda. Cuando mi banda She Walks in Beauty se separó, fue poco alentador, pero permanecí inafectado. En una fiesta una noche, un grupo de amigos me preguntaron: ¿qué pensaba hacer con mi vida? Les dije: "Voy a ser un músico e iré de gira". Ellos se rieron en mi cara y se fueron diciendo: "Buena suerte con eso".

Nueve meses después, recibí un mensaje de texto de un amigo que me dijo que una banda llamada August Burns Red tenía audiciones para un vocalista. La única desventaja, era que la banda estaba en Pensilvania y yo vivía en el Sur de Carolina. Le dije que no había forma que eso pasara, pero él me alentó a que les enviara un email. Ingresé a Myspace (una plataforma vieja de red social antes de Facebook) y les envié algunas de las canciones de mi antigua banda. Tres días después, Brent Rambler (el guitarrista) llamó y preguntó si me gustaría intentar en persona. Estaba pintando casas en ese momento, pero sabía que debía renunciar a mi trabajo e intentar. Le informé a mi jefe quien entendió y me dijo que todavía tenía un trabajo en caso eso no funcionara.

El día que llegué estaba nervioso. Una vez llegué, fuimos directo al estudio para grabar mis vocales en su canción "Your Little Suburbia is in Ruins". Estoy seguro que lo hice muy mal, porque tenía miedo, pero de alguna forma ellos me tomaron en cuenta para ir a una gira con ellos por los siguientes seis meses. Eso resulto ser un examen real de fe, porque después de cada tour ellos no estaban seguros si querían quedarse conmigo. Después de un tour, JB (uno de los guitarristas) se había encariñado conmigo, pero Matt (nuestro baterista) no se quería comprometer con la idea de quedarse conmigo. ¡Luego en la siguiente gira el sentimiento cambió y JB no estaba seguro de mí, pero Matt sí!

Mientras estuve en el limbo, amigos y familia me alentaron a renunciar y venir a casa. Pero muy en el fondo yo tenía fe de que las cosas iban a funcionar si me mantenía en el curso, si peleaba para estar allí y no alejarme. Mi momento llegó cuando la banda fue de gira con Between the Buried and Me y su vocalista líder, Tommy Rogers, tuvo una conversación con la banda, dejándoles saber que ellos deberían quedarse conmigo, (¡Tommy, si algún día lees esto, gracias!)

Cuento esa historia, porque tal y como los hombres ciegos en Mateo 9, yo no sabía a dónde iba, pero tenía fe de seguir hasta encontrar. Seguí buscando lo que Dios había puesto en mi corazón a una corta edad, incluso cuando había poca fe. Es interesante que tengamos dos hombres ciegos quienes no podían ver a donde iban, todavía así siguieron a Jesús dentro de una casa y creyeron que él los podía sanar. La Traducción de Nueva Vida dice que ellos "le siguieron dando voces" y luego caminaron "hasta la casa donde él estaba". Nada se puso en su camino. Pero más fascinante es la respuesta de Jesús para ellos. Él les dijo: "Conforme a *vuestra fe* os sea hecho".

En nuestras vidas enfrentamos tiempos de prueba y montañas a escalar. Muchas veces no sabremos ni a dónde vamos. Justo como los hombres ciegos, se puede sentir como si estuviéramos deambulando en la oscuridad. La diferencia entre nosotros y los hombres ciegos, es que muchos de nosotros nos rendimos, mientras que nada lo hizo con los dos hombres en busca de sanidad.

Durante tiempos duros es difícil tener ese tipo de fe y creer.

Nuestros corazones y emociones pasan a través de obstáculos –justo como los hombres ciegos– para encontrar sanidad. Muchas veces, no encontraremos la sanidad o respuestas inmediatamente. Los hombres en la historia, tuvieron que seguir buscando a Jesús y localizarlo. Las situaciones pueden salirse de nuestro control, el fracaso sucederá en el camino, o tal vez, Dios estará callado por un tiempo. De nuevo, toma en cuenta que Jesús inicialmente, no contesto a las súplicas de los hombres, pero fue la creencia que tenían al llegar a la casa por sanidad. Como los hombres, una vez llegamos a la casa Jesús nos preguntará: "¿Crees que puedo hacerlo?" Nuestra respuesta determina todo.

Me gusta recordar esta pequeña Escritura alentadora cuando me siento tentado a rendirme. Me recuerda que en los momentos difíciles –pasado y presente– cuando me he apoyado en mi fe, siempre termino en la entrada de Dios y encuentro la respuesta de sanidad.

¿Seguirás escalando tu montaña incluso cuando no puedes ver el final?, Tal vez Cristo te pide que lo sigas a la entrada de sanidad para una respuesta incluso cuando pareciera no recordar tu llanto.

Sigue escalando. Tu fe hará que sea posible.

1. Toma un momento y reflexiona en las áreas que sientas que te está faltando fe o necesitas confiar más en Dios. ¿Qué pregunta como a los hombres ciegos te está haciendo?

2. ¿Qué acciones puedes implementar para confiar más en Dios en las áreas en las que no estás seguro?

*Y Jesús se fue al monte de los Olivos. Y por la mañana volvió al templo, y todo el pueblo vino a él; y sentado él, les enseñaba. Entonces los escribas y los fariseos le llevaron una mujer sorprendida en adulterio; y poniéndola en medio, le dijeron: Maestro, esta mujer ha sido sorprendida en el acto mismo de adulterio; y en la ley, Moisés nos mandó apedrear a tales mujeres; tú, pues, ¿qué dices? Mas esto decían tentándole, para tener de qué acusarle. Pero Jesús, inclinado hacia el suelo, escribía en la tierra con el dedo. Y como insistieron en preguntarle, se enderezó y les dijo: El que de entre vosotros esté sin pecado sea el primero en arrojar la piedra contra ella. E inclinándose de nuevo, siguió escribiendo en la tierra. Al oír esto, acusados por su conciencia, salieron uno a uno, comenzando desde los más viejos hasta los últimos; y quedaron sólo Jesús y la mujer, que estaba en medio. Y enderezándose Jesús y no viendo a nadie más que a la mujer, le dijo: Mujer, ¿dónde están los que te acusaban? ¿Ninguno te ha condenado? Ella dijo: Ninguno, Señor. Entonces Jesús le dijo: Ni yo te condeno; vete, y no peques más.*

**—S. JUAN 8:1-11**

Hubo un sin fin de veces en las que juzgué a otros. También hubo muchas veces en las que fui ruidoso y hablé de eso. Normalmente, hablaba negativamente a las espaldas de la gente. Cuando me uní a August Burns Red, hablaba mal abiertamente de mis compañeros de banda cuando no estaban cerca. Cuando vives en una camioneta con los mismos chicos por meses seguidos, topas tus límites. Normalmente, decía que nosotros éramos "caras opuestas de la moneda", y así es como los problemas iniciaron. Cada uno de nosotros fue criado de manera distinta, vivimos vidas diferentes, y veíamos la vida, política y situaciones desde puntos de vista opuestos. Gracias a nuestra proximidad en la van, y que yo era prejuicioso, era un desastre. Gracias a que era joven, (y joven en la fe), no veía que yo era quien tenía la mayoría de problemas. No estaba mentalmente, ni espiritualmente en un lugar sano, entonces degradaba a aquellos alrededor de mí, para sentirme mejor.

Es fácil arrojar piedras a otros cuando no te estás viendo a ti mismo. Con estas páginas de la Escritura, los hombres que atraparon a esta mujer en el acto tenían actitud de "fariseos". Es fácil compararte con desalmados y nunca ver lo que llevas adentro. A menudo, justificamos nuestro propio pecado y comportamiento, diciendo: "Bueno, no soy tan malo como (llene el espacio vacío)". A excepción de Jesús que claramente plantea un dilema, cuando dijo: "El que de entre vosotros esté sin pecado sea el primero en arrojar la piedra contra ella". Los seres humanos tienen la tendencia de hacer esto todo el tiempo. Nosotros atacamos a aquellos que no entendemos, aquellos que no se ven como nosotros, hablan como nosotros, actúan como nosotros, apoyan las mismas "causas", o viven el mismo estilo de vida. Los comparamos con nuestro comportamiento no tan moral y luego, ya sea pública o privadamente, los degradamos, menospreciamos o condenamos porque creemos que son peores que nosotros. Pero como Jesús indica, todos somos "culpables y el pecado no tiene grado de diferencia".

Antes de que condenes a otros, examínate y pregunta: ¿Qué no soy igual a esta persona?, ¿no tengo luchas?, ¿no he cometido pecados que si otros se enteran estaría apenado?

Una vez nos encontramos en la luz del evangelio, nos vuelve humildes y podemos dar gracia hacia aquellos que tienen luchas o están tropezando. Piensa en ¿cuántas personas sentirían compasión a cambio de condenación si tomáramos un poco más de tiempo antes de reaccionar a una situación?, Si recordáramos nuestro propio pecado y ¿Cómo Dios lo ve de manera diferente? Creo que tendríamos más gente soltando sus piedras y sintiendo vergüenza entre unos y otros, viendo las luchas que cada uno enfrenta y sabiendo que no somos diferentes.

Cristo nos llama para soltar nuestras piedras. Todos somos desalmados, desesperados por gracia. Actuemos de manera apropiada.

1. Escribe los nombres de uno a tres personas a las que has juzgado, chismeado, o difamado. Luego escribe lo que dijiste y qué pecado cometías cuando lo hacías.

2. Ahora viene la parte difícil. Ora a Dios para pedir estar dispuesto a llamarlos y hacer enmiendas. Luego hazlo en ¡realidad! Explica lo que hiciste, a qué nivel estaba mal y pide perdón. Recuerda, Jesús dijo: "Por tanto, si traes tu ofrenda al altar y allí te acuerdas de que tu hermano tiene algo contra ti, deja allí tu ofrenda delante del altar y ve, reconcíliate primero con tu hermano, y entonces ven y presenta tu ofrenda" (Mateo 5:23-24). Entonces ve y reconcíliate con ellos.

*Soportándoos los unos a los otros, y perdonándoos los unos a los otros si alguno tuviere queja del otro; de la manera que Cristo os perdonó, así también hacedlo vosotros. Y sobre todas estas cosas vestíos de caridad, que es el vínculo de la perfección. Y la paz de Dios gobierne en vuestros corazones, a la que asimismo fuisteis llamados en un solo cuerpo; y sed agradecidos.*

**—COLOSENSES 3:13-15**

Como pudiste ya haber leído, mi vida familiar mientras crecía era muy difícil. Esas heridas se derramaron en mi matrimonio y relaciones. Podía ir de 0 a 60 en menos de un minuto y parecía que siempre estaba en altibajos.

Durante mi juventud, fui mucho de fiesta y tuve sexo muchas veces para escapar de la ira enraizada y el resentimiento que sentía. Tú piensas que las emociones como estas se irían con el tiempo, pero como una mancha en tu camisa, necesitan ser limpiadas. Una vez toqué fondo en mi matrimonio, vi que para hacer cambios sanos, necesitaba hacer enmiendas en mi pasado.

Esa jornada, como ya he compartido, me llevó a un programa de doce pasos basado en la biblia. Mi patrocinador terminó siendo un hermoso ser humano llamado Josh Jones. Josh fue un exadicto a la cocaína e iba a casinos clandestinos en Texas. Él solía inhalar tanta cocaína que su apodo era "la máquina de la coca". La idea errónea acerca de los programas de doce pasos, es que tienes que ser un adicto como Josh era, pero Josh explicó que el proceso del programa de doce pasos basado en la Biblia, puede ser para cualquier problema que tengas. Cuando vi como la ira y el resentimiento controlaban mi vida, llegué a un proceso de rehabilitación con Josh.

Cada semana, dedicábamos tiempo para hablar, y yo tenía deber para hacer. Luego, trabajábamos con mi tarea y preguntas, a veces tomábamos como dos horas por sesión. Pero para el año y medio siguiente, trabajé en los pasos.

Un aspecto que es más impactante acerca del proceso, es descubrir el error que cometes y no es tan inocente como pensabas. Cuando examiné mi pasado, vi que tenía tanta culpa como las personas que me lastimaron. Vi que necesitaba perdonarme y arrepentirme del comportamiento destructivo y hacer enmiendas por las heridas que les hice a otros.

Terminé acercándome a muchas personas en mi vida, a las que lastimé. Pedí perdón a mi madre por cómo le hablaba y la trataba. También me acerqué a mi padre, mi hermana y varios otros miembros de mi familia. Busqué resolución con mis compañeros de banda y los miembros del equipo uno a uno para pedir perdón. Incluso me acerqué a muchas chicas con las que tuve relaciones sexuales y sexo de una noche para pedir perdón. No siempre salió estupendo, pero en alguno de esos casos, ambos caminamos sintiéndonos libres. También descubrí que era tan importante perdonarme a mí mismo, de la misma forma que perdoné a otros para dejar ir todo.

El Apóstol Pablo nos recuerda en este verso la importancia del perdón y las enmiendas. Cuando lo hacemos, la gracia cubre nuestras carencias. Una vez el proceso sucede y podemos dejar ir, la paz de la que él habla inunda nuestros corazones. Al no dejar ir mi resentimiento, estaba bloqueando no solo el perdón, sino la paz que Cristo prometió. Cuando protegemos y dejamos que Dios nos sostenga, él puede libremente trabajar entre aquellas áreas en nuestro corazón. En mi caso, me quedé con mis males y no dejaba que Dios me tocara. Así, esas heridas seguían envenenándome hasta que hice enmiendas.

Pablo también apuntó a otra cosa que pasaba en este proceso de enmiendas: crecemos más cerca de aquellos a los que hemos pedido perdón y caminamos en el amor, porque Dios nos perdonó primero.

Hoy, está más cerca de todos a los que les pedí perdón e hice enmiendas en varias relaciones quebrantadas; Ha hecho maravillas tanto en mi vida como en la de ellos.

Me pregunto qué podría hacer él por ti.

1. Hacer enmiendas con otros muestra que nosotros entendemos profundamente nuestra fe. Cristo perdonó a aquellos que lo crucificaron y nos recuerda que nuestra fe nos fortalece para hacer lo mismo con otros. ¿Quiénes son las personas con las que debes hacer enmiendas por la manera en que los has lastimado en tu vida?

2. ¿Qué puedes realizar para hacer enmiendas?, Tal vez podrías enviar un mensaje de texto o contactarlos en redes sociales para fijar una reunión. Tal vez puedes mandar una tarjeta o carta.

*Pero el fruto del Espíritu es: amor, gozo, paz, longanimidad, benignidad, bondad, fe, mansedumbre, templanza; contra tales cosas no hay ley.*

**—GÁLATAS 5:22-23**

Cuando grabamos discos para mi banda, tenemos un proceso de votación para las letras. Durante el proceso de escribir uno de nuestros discos, escribí veinte diferentes grupos de letras pero presentamos las doce que pensé eran las más fuertes. Una vez votamos, descubrí que *ninguna* de mis letras daba la talla. ¡NINGUNA!, Estaba impresionado porque eso nunca pasó antes. Normalmente, al menos una o dos entran al disco, pero esta vez ninguna, derramé mi alma y energía al hacer la lista. Estaba lastimado. Parte de mi trabajo como vocalista y líder es crear letras memorables que la gente ame. Me enorgullece usar un micrófono y contar mi vida, sentimientos y corazón a otros. Y todavía, ninguna de mis letras iba a ser usada.

La peor parte acerca de la situación era que iba a gritar letras que no escribí. Sin embargo, la banda es democrática. Y si no estoy de acuerdo con las letras, no dan la talla, pero el resultado todavía era devastador. Las letras de mis compañeros de banda eran más fuertes. Procesar la situación era pesado. *¿Qué hay de discos futuros y nuestro proceso de grabación?* Yo pensé: *¿Qué pasa si nunca vuelvo a escribir otra letra que sea usada en un disco de nuevo?*

Pero todo el proceso de humildad no terminó allí.

Después de grabar las pistas vocales para un disco completo, cada miembro de la banda obtiene una copia y luego toma un fin de semana para escuchar y hacer anotaciones. Una vez llegamos al estudio, todos critican mis vocales. Ingreso a la cabina de grabación y todos tienen cambios que quieren escuchar. Invierto un día completo escuchando:

*"No me gusta ese grito".*

*"Eso suena mal".*

*"El coro no atrae".*

*"Esa palabra suena graciosa. Quítala y busca otra".*

*"Sí, eso suena chillante".*

*"Tu grito no suena completo".*

*"Cambiemos esa línea completa e inventemos algo mejor"*

El proceso requiere que yo tenga mucha paciencia y gracia con mis amigos compañeros de banda. ¡Y hombre!, si crees que no le pido a Dios que domine mi lengua y mente, estás engañado. La mayoría de las veces, quiero destrozarlos mientras quitan lo que me tomó horas y semanas en crear.

Por eso es que este verso en Gálatas es tan importante en mi línea de trabajo y con las personas con las que interactúo todos los días. Es un recordatorio de lo que se supone que veamos en un seguidor de Cristo cuando dejamos que el Espíritu Santo nos guíe.

Cuando nos despertamos todos los días, tenemos una decisión que tomar. Nosotros podemos ser guiados, ya sea por el Espíritu o por nuestros deseos. A menudo, nos volvemos condicionados por cómo la sociedad nos dice que deberíamos vivir: para nosotros mismos. Todavía, Dios nos pide que seamos como él, en opuesto a su creación rebelde. Gracias a nuestra relación con Cristo, tenemos el Espíritu Santo quien enseña las Escrituras, es nuestro "consejero", "amigo" y "guía". Cuando Cristo vive entre nosotros, nosotros vamos a exhibir amor, paz, gozo, longanimidad, benignidad, bondad, fe, mansedumbre, templanza. Podemos no ser buenos al ejercer estas características. Sé que fallé varios días. La templanza es mi declive, como lo es para otros. Queremos lo que queremos ahora mismo y nuestros sentimientos y emociones nos recuerdan que "lo merecemos".

Cuando nos dirigimos por ese camino, tendemos a tomar decisiones irracionales o arrebatos impulsivos que hieren a los demás. Estos días cuando quiero atacar verbalmente o hacer lo que quiero, Dios me recuerda acerca del fruto del Espíritu. Él prefiere tenerme tranquilo, que hable suave y que escuche con intención a que esté diciendo que tengo la razón y quiera ganar discusiones. Cuando otros atacan verbalmente, puedo todavía acercarme a ellos con gentileza, en opuesto a regresar comentarios con palabras duras.

A través de la Biblia, Dios nos pide que nos sentemos y seamos calmos. Toma tu tiempo para revisar las formas en las que no has producido el fruto del Espíritu, luego toma tu voluntad de vuelta al espíritu. Recuerda que este es un proceso. Nosotros podemos tomar tiempo y pensar a través de nuestros sentimientos o podemos reaccionar con ira u ofensas. Si tomáramos el tiempo para orar y pedir a Dios que restaure el fruto del Espíritu en nosotros, el cumpliría esa solicitud y calmaría nuestros nervios mientras que nos guía a través de la situación. Cuando somos renovados cada día y nos recuerda de su paz y gozo y la fe que produce, nos irritamos menos cuando otros nos incomodan o nos hacen enojar. Con el tiempo, esto nos ayudará a apoyarnos más fervientemente en los dones de Dios y del Espíritu. Mientras más pase esto, más claro se vuelve el cambio en la manera que respondemos a momentos o encuentros incómodos.

Cada día tenemos una elección: producir el amor y la gentileza del Espíritu o tener ansiedad como el resto del mundo en una carrera caótica.

Creo que sé lo que cada uno preferiría.

1. ¿Dónde estás experimentando ansiedad, ira, miedo, falta de templanza, celos o cualquier otro defecto?, ¿por qué crees que está ahí?

2. ¿Cómo puedes apoyarte en tu relación con Cristo a diario cuando sientes éstas emociones?, Cuando aparezca un escenario difícil, haz una pausa y trata de pedirle a Dios el fruto del Espíritu.

*Y, ¿por qué miras la paja que está en el ojo de tu hermano, y no echas de ver la viga que está en tu propio ojo? O, ¿cómo dirás a tu hermano: Déjame sacar la paja de tu ojo, y he aquí la viga en tu propio ojo? ¡Hipócrita! Saca primero la viga de tu propio ojo, y entonces verás bien para sacar la paja del ojo de tu hermano.*

**—MATEO 7:3-5**

Si has llegado a esta parte del devocional, entonces habrás leído la mayoría de historias acerca de tiempos en los que he sido prejuicioso o hipócrita. Por lo tanto, te puedes estar preguntando por qué no utilicé esta Escritura para hablar acerca de esas instancias. Es fácil usar este verso para hablar acerca de juzgar a otros, pero lo qué es más difícil de hablar y lo que normalmente descuidamos de este pasaje es ver hacia un mal mucho más subversivo: *Nuestro orgullo.*

Cada vez que he dado rienda suelta a mi boca o determinado cómo alguien debería vivir —sin reflejar en mis propios problemas— me precipito al orgullo. Pongo mi propia percepción, "bondad" sobre otros cuando tengo mi propia paja con la cual tratar. Cuando tú no estás dispuesto a admitir tu pecado, es tan feo como eso, bueno, Cristo te llamó (y a mí) hipócrita. Puede que hayas escuchado la expresión: "Ocúpate de tus asuntos". Significa que no debemos meternos en los asuntos de otros. Jesús nos recuerda que debemos enfocarnos en nuestros propios problemas más que aumentar drama o conflicto con otros al juzgar sus pecados. Si tomáramos una vista interna honesta, veríamos que tenemos nuestras manos llenas. Tristemente, la autorreflexión y humildad, no son celebradas, mucho menos practicadas en nuestra sociedad. Pero es algo que podemos cultivar.

Encontramos sanidad cuando tomamos una vista interna honesta acerca de nuestras propias luchas, las montañas que enfrentamos, o el pecado al que seguimos recurriendo. Cuando tenemos una perspectiva clara de nuestros propios pecados y donde estamos, podemos ser auténticos y gentiles con otros. Así es como ganamos la autoridad relacional, o confianza necesaria para ayudar a otros con gentileza a procesar su pecado.

Insistir en los problemas de otras personas y menospreciarlos es más fácil que la autorreflexión. Es mucho más fácil sentirse mejor acerca de nosotros mismos, pero compararnos a otros de una manera arrogante es orgullo. Lo cual es lo opuesto a lo que Dios quiere de nosotros. Dios "resiste a los soberbios, y da gracia a los humildes". (Santiago 4:6). El mundo ya es un lugar de orgullo. Negocios como Wells Fargo, han sido descubiertos por sus prácticas codiciosas y egocéntricas. Las celebridades refuerzan nuestra cultura selfie. Nos tomamos fotos en donde compartimos nuestras mayores hazañas, pero nunca nuestras imperfecciones. Dar a obras de caridad e iglesias son mínimos históricos. No compartimos, no damos, y todavía tomamos y tenemos la audacia de decir que ¿no somos egoístas u orgullosos?, Cuando nos ponemos por sobre otros y no trabajamos en nuestros propios problemas, caminamos lejos de la humildad y tomamos pasos hacia el orgullo. Es difícil amar a los que nos rodean si estamos llenos de orgullo. Nosotros escuchamos menos, nos importa menos y amamos a otros de una manera pobre cuando dejamos que afirmaciones egocéntricas gobiernen nuestras vidas. Nosotros no podemos sentir el amor de Dios porque sentimos que no lo necesitamos. Después de todo, somos mejores que otros, ¿verdad?

La próxima vez que te encuentres fácil para juzgar, toma un momento y enfócate en lo que has sido egoísta o lastimado a otros. Cuando puedas reconocer y admitir tus carencias, descubrirás humildad. Y cuando descubras esa humildad, recordarás que Dios te ama sin importar tus carencias. Y cuando recuerdes que Dios te ama aunque seas un pecador, ofrecerás gracia a otros.

1. Respira profundamente tres veces y aclara tu mente. Ahora pídele a Dios que te revele donde hay una paja en tu ojo o donde has actuado falso. Escribe lo que descubras.

2. ¿Cómo es que ver tu propia "paja" produce humildad en ti?, ¿cómo puedes ofrecer gracia a otros esta semana?

*Porque no nos ha dado Dios espíritu de cobardía, sino de poder, de amor, y de dominio propio.*

**—2 TIMOTEO 1:7**

Una tarde compartí con mi amigo Ian, acerca de mi umbral mientras jugábamos hockey. Un umbral es una línea en la que estoy cómodo, pero no la cruzo. Cuando juego hockey me alivia cuando llego al disco y cuando un oponente tiene el disco, en vez de enfrentarlo, trato de usar mi palo para agarrar el disco. Amo el hockey, pero gracias a mi falta de seguridad en mi habilidad para patinar, no voy tan duro o rápido, y trato de no ir hombro a hombro con mi oponente durante la lucha por el disco.

Numerosos pensamientos corren en mi cabeza con respecto al por qué no puedo cruzar la línea del umbral: *podría salir lastimado. Soy el chico más pequeño en el hielo. ¿Qué pasa si me caigo y me avergüenzo?*, Cada pensamiento me detiene de volverme mejor y jugar con pasión. Quiero ser un mejor jugador, pero pareciera que no puedo romper esa barrera mental.

Mi colega Jasón es como yo. Él ama la patineta pero se rehúsa a patinar en frente de quien sea que no es su amigo. Cada vez que patina alrededor de extraños se pone ansioso y nervioso, preguntándose qué piensa la gente de él. *¿Están juzgando mi habilidad y técnica?*, Él se pregunta. Cuando él se detiene en estos pensamientos, termina patinando peor. El umbral que él pareciera no poder cruzar es aprender cómo patinar en público y disfrutar la libertad de patinar donde sea.

En nuestras vidas, nuestros pensamientos controlan nuestros sueños, acciones, habilidades, y si amamos a otros o no. El miedo que se escurre fácilmente nos puede detener de volvernos la persona que Dios nos ha destinado ser. Timoteo nos recuerda que en Cristo no tenemos un espíritu de miedo o cobardía. En Cristo, cada uno de nosotros tiene el poder de superar nuestros miedos pues no hay razón para tener miedo cuando tienes de tu lado al Creador del universo. Cada uno tiene el poder de pelear por el control contra el miedo y ansiedad. Eso empieza, al contrarrestar las mentiras que nos decimos a nosotros mismos e ingeniar ideas que nos hacen fuertes y de coraje.

Al momento que escribo esto, tengo un juego de hockey esta noche. Esta noche, encomendaré mis pensamientos y miedos al amoroso cuidado de Dios, y tal vez romperé finalmente la línea del umbral.

Espero que tú también.

1. ¿Qué miedos y ansiedades se repiten en tu mente?, Escríbelos.

2. Ahora que los ves en papel, escribe cómo te están manteniendo lejos de la vida que quieres y tus metas futuras.

3. Cada vez que tus miedos y ansiedades aparezcan, haz este ejercicio: Cita 2 Timoteo 1:7: "Porque no nos ha dado Dios espíritu de cobardía, sino de poder, de amor, y de dominio propio". Luego pregúntale a Dios por sus pensamientos y paz para limpiarte para que tomes un paso de acción ¡ingeniosa!

*Porque nosotros somos la circuncisión, los que servimos en espíritu a Dios, y nos gloriamos en Cristo Jesús, no teniendo confianza en la carne.*

**—FILIPENSES 3:3**

Crecer sin una figura paterna fue difícil. Mi padre biológico llegaba los fines de semana y descansos, pero después del divorcio de mis padres no era lo mismo. Sin su influencia, se volvió un reto ser un hombre joven en el mundo sin guía. Entonces busqué en hombres más grandes la figura paterna en mi vida porque no tenía idea de lo que significaba un padre, esposo o incluso un hombre. La falta de amor de un padre también causó que buscara amor incondicional en amigos. Finalmente, intenté trabajar duro para mostrarle al mundo que merecía ser amado y respetado. Todo en mi vida se tornó alrededor del rendimiento para que me dieran un palmadita en la espalda. A través de mi vida he sido un camaleón, cambiando de máscara para quedar bien con las expectativas y estándares de las personas con las que debería estar.

Mientras mi relación con Cristo creció, tenía una figura paterna en Dios y descubrí amor y aceptación. El amor incondicional de Dios se ha vuelto el tesoro más reconfortante y tranquilizante en mi vida. Para que Dios me ame, no debo verme, actuar o hablar de una manera específica. No se me requiere unirme a un club, pagar cuotas o incluso usar la ropa adecuada o tener dinero en mi cuenta bancaria. ¡Ni siquiera necesito ir a la iglesia para que Dios me ame! No creas la mentira de que para que Dios te ame y acepte tenemos que ser buenos. Dios no quiere mi buen comportamiento o un estilo de vida limpio. *Él me quiere a mí.* A él no le importa si estoy cubierto de tatuajes, calvo con una barba gigante. Él me ama sin importar mis carencias y pecados. Dios me ama simplemente por quien soy *–Su hijo.*

Cristo es la única persona que existe que me ama total y completamente. Él me conoce a un nivel profundo e íntimo. Él conoce mis pensamientos más puros, los más repugnantes y depravados. Y todavía, me ama.

El Apóstol Pablo nos recuerda que gracias a lo que Cristo ha hecho para ti y para mí, no tenemos que correr para ganar el amor de Dios. No se trata de nuestro esfuerzo; se trata del sacrificio de Cristo en la cruz –y que él murió mientras que seguimos despreciándolo. Nosotros no podemos ganar su amor. Es dado gratuitamente.

Todos esos años que invertí buscando aprobación y amor, en realidad estaba buscando a Jesús. Y tal vez tú también. Tal vez, todavía estas buscando ganar el amor de Dios y "ser mejor". Tal vez estás buscando amigos, una relación amorosa o un trabajo para decir que eres aceptado. Siempre te van a decepcionar. Las amistades empiezan y terminan, y algunas terminarán en traición. El éxito y popularidad pierden su brillo y un trabajo puede proveer satisfacción mínima. Estos son temporales y mínimos en comparación con el amor incondicional que Dios ofrece a través de su hijo. En mi vida, muchas personas me han abandonado, traicionado o me han usado. He tenido personas que pretenden ser mis amigos, cuando en realidad son serpientes. Su amor fue a menudo condicional y la definición de "amigos en las buenas". Muchas veces he escuchado de personas negar a un amigo o cortar lazos en una relación porque la otra persona no "actuó bien" o no hizo lo que les pedían que hicieran. El amor de Dios, sin embargo, viene sin condiciones. Él nunca nos ha abandonado, traicionado o dejado. Cuando pones tu vida en las manos de Dios y crees lo que él dice de ti, encuentras libertad, y él te moldea. ¿Pero confías más en el hombre que en Dios?, Es desastroso. Otras personas no pueden darte el amor incondicional que tanto ansías, entonces ¿por qué no poner todo ese amor en Jesús?

Estos días, Cristo me susurra al oído qué camino tomar, y porque sé que me ama, le creo. Luego me importa menos acerca de lo que los hombres y mujeres esperan de mí porque no son mi Padre, Señor o Salvador. Solo son humanos como yo.

Cuando empiezas a aceptar el amor de Cristo y dejas de intentar ganarlo, perdonarás lo imperdonable en lugar de mantenerlo resguardado. Darás misericordia a los marginados y no te importará acerca de cómo eso te hace ver en frente de otros ante los ojos de Dios. Lo harás simplemente porque amas a Dios. Luego no tendrás duda de que él te ama también.

1. Refléjate en la crucifixión de Cristo por unos minutos. ¿De qué manera en su muerte, él te mostro a ti y al mundo amor incondicional?

2. ¿De qué manera intentas recibir aprobación, ya sea de la gente o Dios?, ¿por qué?

3. Escribe una lista de momentos en los que has sentido el amor de Dios. Esto puede ser algo tan simple como ganar un juego de fútbol o ver un atardecer.

*Confía en Jehová con todo tu corazón, y no te apoyes en tu propia prudencia.*

**—PROVERBIOS 3:5**

Una de mis amigas cercanas que vive en Carolina del Sur, se volvió adicta a la heroína. Ella es extremadamente inteligente, con un gran corazón, entonces me pareció extraño que ella empezara a consumirla. Debido a su pasado y algunos problemas familiares, desafortunadamente calló en malas manos.

Hablábamos a menudo en la noche, y a veces me llamaba creyendo que ella iba a morir. Una noche, llamó poco después que yo llegara de una gira a casa en Pensilvania. Ella estaba experimentando un completo ataque de pánico y pidió que la calmara. Le dije que debíamos actuar en ese momento. Le hice saber que si estaba en realidad interesada en empezar rehabilitación, aunque acababa de llegar a casa, conduciría hasta Carolina del Sur para ayudarla, y a registrarse. Ella aceptó, salí por la mañana.

Cuando llegué a su apartamento, estaba borracha en la

piscina, se divertía con chicos extraños. La llevé de regreso a su apartamento, la sequé, y luego la llevé a mi auto. Una vez llegamos a las instalaciones, la vi y le pregunté: "¿Estás lista?", Ella entró en pánico y me dijo que no podía hacerlo. Terminó hablando en la clínica, pero se convenció a sí misma que no necesitaba rehabilitación y se alejó.

Esa fue una experiencia que me dolió mucho. Mientras más quería ayudarla y amarla durante este proceso, me di cuenta que no podía. Dios me estaba pidiendo que me alejara, pero pareció ¡tan contradictorio! ¿No se suponía que amaramos a los quebrantados y con problemas como él lo hizo?, Debía confiar en el Señor y apoyarme no solo en mi entendimiento. No había manera en que pudiera cambiar su corazón. Dios debía ser quien hiciera eso. Dentro de mí yo sabía que ella tenía que tocar fondo y querer recuperarse por sí misma. Mientras que la ayuda parecía correcta y buena, no era lo que ella necesitaba. Entonces me alejé y la dejé ir.

Habrá tiempos en nuestra vida donde Cristo nos pide tomar decisiones que parecen ser incomodas o estar al revés. Puede que no te de buena sensación. Pero Dios nos pide que nos hagamos a un lado y lo dejemos tomar control de la situación.

Una vez me rendí y confié en Dios —aunque no entendía como esto podía ser bueno—ella tocó fondo y se limpió. A través de esa experiencia en mi vida, vi que necesitaba dejar a Dios guiarme al decidir cómo amar a un amigo. Me di cuenta que tenía que dejar ir y tener fe en Dios para que ella encontrara sanidad. Yo me estaba interponiendo.

Para mover las montañas, tenemos que confiar en la respuesta de Dios y no sólo una "buena" respuesta. Cuando lo hagamos, veremos cómo lo imposible pasa.

1. Piensa en alguien en tu vida que necesite ayuda. ¿Estás creando fronteras o dándole paso a un mal comportamiento?

2. Toma tiempo esta semana para auto reflexionar y pide a Dios que te muestre la forma en la que estás yendo en contra de su voluntad. ¿Es agradable para ti? o ¿tus acciones están agradando a Dios?

≋

*HERMANOS, si alguno fuere sorprendido en alguna falta, vosotros que sois espirituales, restauradle con espíritu de mansedumbre, considerándote a ti mismo, no sea que tú también seas tentado.*
**—GÁLATAS 6:1**

Ya sabes que pasé por un divorcio doloroso y desastroso que me llevó a tomar malas decisiones, depresión y abuso de alcohol. Lo que podrán preguntarse es cómo hice para salir de esa barrera y ver la luz de nuevo.

Después de que mi divorcio finalizara, me enfurruñaba avergonzado y desesperado. Creía que era un fracaso porque mi matrimonio había fracasado. Tomaba el teléfono y llamaba a mi amigo Isaac. Por meses, Isaac me escuchaba en mi llanto y lamento de la pérdida de mi matrimonio. Él escuchaba mis arrepentimientos y dolor, una y otra vez, todavía continuaba llamando todos los días. Por lo tanto, me animó a ir a terapia e incluso oró conmigo, no solo me dejó revolcarme en lástima. Incluso, cuando estaba borracho y era tarde, él tomaba el teléfono a las tres de la mañana.

A través del amor incondicional, gentileza y humilde corrección, empecé a sanar. Empecé a ver que había más cosas en la vida aparte de lo que "sentía". La mayor lección que Isaac me enseñó y recordó, fue que yo tenía valor y no era un fracaso. Gracias a que creía que había fracasado en mi matrimonio y no estaba viéndome como un hijo de Dios, corrí precipitadamente en el pecado. Isaac me mostró cómo mi vista de Cristo estaba distorsionada y cómo yo era perdonado y amado profundamente. Isaac me ayudó y guió para salir de mi depresión y a ponerme de pie. Dios usó a Isaac para mostrarme su compasión sin fin y amor durante uno de las temporadas más devastadores de mi vida.

En la vida, cada uno de nosotros tendrá temporadas donde cometeremos errores y correremos de Dios. Cuando la presión de la vida es inmensa, a veces creemos que no pasaremos del día actual. Nuestro juicio se vuelve nublado y no podemos ver claramente, entonces nos rendimos y corremos a nuestro pecado. Lo siguiente que sabemos, es que estamos en un camino no sano, y necesitamos un hermano, hermana, o un buen amigo para extendernos la mano y ayudarnos a levantarnos una vez más. Eso es lo que Gálatas 6:1 nos describe.

Pero hay un previo aviso en este verso. El servicial hermano (hermana) tiene que ser humilde y gentil. Sucede a menudo cuando los cristianos cometen errores, encontramos condenación de otros creyentes en lugar de un espíritu gentil. Esta Escritura describe a un hombre o una mujer que puede meter la mano en el barro y limpiar al hermano descarriado. Alguien que puede corregir nuestra postura con gentileza. Esta persona necesita profundizar para descubrir dónde nos equivocamos, hacia dónde nos dirigimos y cómo podemos volver a encarrilarnos. Conlleva sangre, sudor y lágrimas y es una inversión que a veces no funciona, pero es lo que la Escritura manda de nosotros.

La pregunta que debemos preguntarnos es: ¿Cómo vemos a un hermano o hermana cuando ellos caen?, ¿vemos solo el barro en el que están apelmazados? o ¿vemos una obra maestra esperando a emerger?

1. ¿Ha venido cerca un amigo a ayudarte a solventar o superar
   una aflicción, problema o pecado en tu vida? Lista algunos
   ejemplos donde esto haya pasado y lo que ellos hicieron
   para hacerte sentir amado, respetado y entendido.

2. ¿Hay alguien en tu vida ahora mismo, que pueda necesitar
   la misma gracia y amor?, ¿qué puedes hacer para acercarte
   y apoyarlos?

*Y comerán, mas no se saciarán; fornicarán, mas no se multiplicarán, porque dejaron de hacer caso a Jehová*
**—OSEAS 4:10**

Cuando la mayoría de personas piensa en ídolos o dioses falsos, a menudo piensan en drogas, alcohol o cosas materiales. Sin embargo, los ídolos y dioses falsos pueden ser también ideas u objetos tangibles que colocamos antes que Dios. Sin embargo, la dura realidad es que a diario elevamos deseos sobre nuestro Creador. Por ejemplo, he puesto mi deseo de ser músico antes que Dios. También, puse el trabajo que hago con HeartSupport antes que Dios (¡y HeartSupport es un ministerio!). Un trabajo, relación, redes sociales, pasatiempos o incluso la comida se puede volver cosas que elevamos antes que Dios. No son esencialmente malas o buenas, pero cuando nos volvemos a ellas para satisfacción o para "llenar la copa" se vuelven ídolos.

La razón, por la que perseguimos ídolos es que creemos

que ellos nos harán sentir llenos o completos. Por un tiempo, lo hacen. Luego el final amargo viene y una vez más vamos a buscar. Es como tomar medicamentos que dejan de hacer efecto, no la cura que nos sana.

Estos dioses falsos no pueden llenar como Cristo lo hace. En el corazón de cada hombre y mujer hay un deseo profundo de ser amado incondicionalmente. Entonces cuando buscamos cosas como fama, es porque queremos reconocimiento, y a través de reconocimiento creemos que hemos ganado amor. Cuando un ser querido nos baña en regalos y afecto, los objetos materiales nos dan un sentido temporal de satisfacción y sentimos amor de la persona que nos da el regalo. Pero no tarda mucho. Lo mismo es la verdad de cada relación amorosa. Las mariposas se desvanecen y el amor se vuelve en una elección en vez de un sentimiento. Cuando vemos las cosas por su significado, siempre somos olvidados, aferrados al viento, cuando lo que desesperadamente queremos es una fuente de amor eterna.

A través del sacrificio de Cristo en la cruz, vemos la imagen de amor incondicional. Mientras que todavía éramos pecadores, Cristo murió por ti y por mí (ver Romanos 5:8). Si tienes en tu cabeza el hecho de que ninguna persona en su sano juicio moriría por un enemigo, echa un vistazo al loco amor de Dios.

Esa es la llave a este pasaje de la Escritura de Oseas. Gracias a que el amor de Dios es la única fuente de realización en la vida, eso es lo que deberíamos perseguir. Todo lo demás es como un hombre moribundo tomando arena de un pozo. A través del libro de Oseas, Dios le recuerda a Israel que le han dado la espalda al elegir seguir otros dioses. Como Israel, tú y yo hacemos lo mismo. Entonces Dios nos recuerda que cuando perseguimos ídolos, nunca estaremos satisfechos. Siempre estaremos sedientos por más.

Dios ha puesto eternidad en nuestros corazones (ver Eclesiastés 3:11), nunca estaremos conformes con adoración pagana. Nuestra devoción a ídolos y dioses falsos nos lleva a un camino vacío. En Cristo, todavía podemos conocer la satisfacción.

Gracias a que Cristo murió por nuestros males, él hace un puente entre Dios y su creación (nosotros). Al hacer el puente, experimentamos gozo, amor y satisfacción. Cuando le damos las espaldas y perseguimos otros dioses, él nos cela. Eso puede sonar duro o extraño, pero imagínalo de esta forma: Digamos que crío a un hijo y lo amo, y lo baño en regalos. Luego cuando es más mayor viene un perdedor y lo aleja, solo para envolverlo a una vida de drogas. Luego mi hijo empieza a llamar al otro hombre su "padre". Por supuesto, ¡estaría celoso y querría a mi hijo de vuelta!, con Dios, es lo mismo. Él quiere a sus hijos e hijas de vuelta, para que puedan experimentar verdadera vida y estar satisfechos.

Es importante recordar que la gente puede amar a la medida que comprenden el amor. Si conoces a Cristo y su amor, te sentirás amado y aceptado. Luego ofrecerás ese mismo amor a otros. Pero cuando perseguimos a este mundo, no conoceremos el amor de Dios y continuaremos hambrientos y sedientos por más, y no tendremos nada que dar.

Cada día, Cristo nos recuerda que nosotros tenemos la elección: La satisfacción en él o la arena de un pozo seco.

1. Escribe algunos ídolos o dioses falsos que vienen a tu mente. Estas pueden ser cosas buenas como he explicado, pero te quitan tiempo, energía y devoción lejos de Dios.

2. ¿Qué ocurre cuando te vuelves a estos ídolos?, ¿es para aliviar ansiedad o estrés?, ¿cómo crees que te ayudan a hacer frente o te llenan?

3. ¿Qué es lo que esos dioses falsos te dan que sientes que no puedes recibir de tu relación con Dios?, ¿cómo puedes volver tu voluntad y maneras a Dios y encontrar satisfacción?

*Por lo cual, como dice el Espíritu Santo:*
*Si oyereis hoy su voz,*
*no endurezcáis vuestros corazones*
*como en la provocación,*
*en el día de la tentación en el desierto*
**—HEBREOS 3:7-8**

Un verano en el Vans Warped Tour, había estado discutiendo el line up de las bandas con algunos colegas, mientras trabajamos fuera de los remolques. Había una banda en específico que yo encontraba bastante ofensiva. De verdad no me gustaba la forma en que se proyectaban en el escenario y no apoyaba su mensaje. Sin embargo, no lo expliqué de esa forma cuando hablaba con mis amigos. En cambio, le di rienda suelta a mi boca y hablé mucha mierda de ellos. Mientras los estaba menospreciando, tuve la sensación que algo me detuvo en el camino. Aunque sentí estarme justificando de cómo me sentía con respecto a esa banda, me sentí culpable por decir todas esas cosas degradantes y de menosprecio de ellos. Traté de sacarlo de mi mente, pero la culpa iba y venía durante la siguiente semana.

Un día, luego que terminé de tocar mi set con August Burns Red, estaba caminando de regreso para relajarme en nuestro bus de la gira y vi el bus de la banda de la que había estado hablando mal. Ellos parquearon su bus tan solo dos o tres lugares lejos de nosotros. Mientras caminaba frente a su bus, una vez más, sentí esa convicción. Me detuve por un momento y le pregunté a Dios en mi cabeza: "¿Qué pasa hermano, qué quieres que haga, pedir perdón o algo?" Después de todo, ¡no había dicho nada *frente* a ellos!, pero sentí que eso era lo que Dios quería que hiciera.

Entonces fui hasta la puerta de su bus y toqué. Uno de los chicos del equipo abrió la puerta y pregunté si la banda se encontraba a bordo. Él asintió con la cabeza y me invitó a pasar, entonces entré, los conocí a todos, y luego me senté. Nuestra conversación empezó con una charla corta. Ellos preguntaron cómo estaba y cómo había estado la presentación. Les dije que había sido genial porque habíamos tenido a un público genial y que el público de ellos también sería así. Luego llegó el momento de explicar por qué estaba allí, entonces lo dije. Les dije que había estado hablando mierda y juzgándolos a sus espaldas, y entonces quería disculparme. Ellos estaban sorprendidos y lo llamaron "tener bien puestos los pantalones". Pero ellos respetaron lo que hice y aceptaron mis disculpas. Luego pasamos tiempo y reímos el resto de la noche.

Todavía no estoy de acuerdo con su mensaje en el escenario, y nuestros estilos de vida son diferentes, pero decidí respetarlos e interesarme en ellos como seres humanos. Una vez les di una oportunidad, encontré algunas cosas en común y descubrí que eran chicos verdaderamente agradables.

Muchas veces, como cristianos sabemos cómo hacer bien las cosas y omitir decisiones que causarán que la gente piense mal de nosotros. Sin embargo, no lo hacemos, elegimos el camino correcto por lo que Dios pensaría de nosotros. Nosotros podríamos donar nuestro dinero y hacer voluntariado. Podríamos evitar las drogas, sexo o largas jornadas de alcohol para que la gente piense que somos "buenos cristianos" y darnos una palmada en la espalda. Pero Dios ve nuestros corazones. A menudo, él nos pide que abandonemos lo malo con fe y actuemos en lo que nos ha dicho, incluso en situaciones donde nosotros normalmente nos falta coraje para seguir a través.

Nosotros deberíamos ser atentos a lo que sentimos que Dios nos está diciendo que hagamos al momento, aunque muchas veces lo que nos podría estar pidiendo hacer nos haga sentir incómodos.

El mensaje a la iglesia en el libro de Hebreos es lo mismo. El autor nos recuerda un salmo donde se nos dice no endurecer nuestros corazones en contra de la guía de Dios como ellos hicieron cuando estaban deambulando en el desierto por cuarenta años con Moisés. Cuando endurecemos nuestros corazones en contra de la guía de Dios, entramos al desierto. A menudo, cuando me encuentro en el desierto y pregunto: "¿Por qué me traes acá Dios?" me doy cuenta que soy el que deambula lejos de su orientación y estoy cosechando las consecuencias de mis acciones.

Es por eso que estoy feliz de que seguí las indicaciones del señor en esa instancia cuando experimenté mucha culpa. Sentí que Dios me decía que no estaba bien que hablara de alguien desagradablemente. Él me indicó que me disculpara, aunque ellos nunca se hubieran dado cuenta. Todo el escenario es algo que no habría podido hacer yo solo, pero gracias a que no endurecí mi corazón, aprendí más acerca de la compasión de Dios. Tenemos la oportunidad de pasar experiencias increíbles de humildad si estamos dispuestos a arriesgarnos a obedecerle. Aprendí que Dios no es solo un montón de reglas a seguir. Es acerca de escuchar la voz de Dios y confiarle lo suficiente para creer y hacer lo que él dice. Sugiero que escuches un poco más a tu espíritu cuando interactúas con las personas a tu alrededor y ver si no recibes un impulso de Dios, para ir más allá.

1. Piensa en situaciones que no sientan bien contigo ahora mismo. ¿Está Dios llamándote para que tomes un paso arriesgado con una persona, tu trabajo, tu iglesia o algo más?

2. El construir una relación con Dios donde puedas escucharle toma tiempo porque nosotros tenemos una tendencia de ser de corazón duro. Acércate a personas que sabes que aman a Dios. ¿Cómo conectan con Dios?, ¿alguna de esas cosas suena como algo genial, una nueva forma de acercarse a Dios?

*El que anda entre sabios será sabio,*
*pero el que se junta con necios sufrirá el mal.*
**—PROVERBIOS 13:20**

Cuando estaba creciendo en Columbia, Carolina del Sur, yo no era genial. Pasaba tiempo con los chicos del punk rock, y con los chicos del "guetto" y otros tipos de pandillas. Tal vez por el tipo de gente a la que elegí, me hicieron mucho acoso en la secundaria y preparatoria. Recuerdo que me decían "amanerado", y antes de clase una tarde, uno de los acosadores golpeó mi cabeza contra un escritorio y me pegó repetidamente en la espalda y cabeza. Lloré en frente de mis compañeros ese día.

Otra de las veces en las que me acosaron, fue cuando estaba saliendo con una chica llamada Kionna. Yo no le caía bien a su hermano, porque soy blanco. Una vez me dio una paliza en el corredor y me dijo que dejara de salir con su hermana. Luego, no mucho después, tuve una pelea durante clase porque un niño no dejaba de empujar mi escritorio. Me había estado acosando durante todo el año escolar. Un día me cansé. Le dije que si empujaba mi escritorio una vez más, íbamos a pelear. Efectivamente, él empujó el escritorio al segundo que las palabras salían de mi boca. Me levanté del escritorio y lo golpee directo en la cara.

En esos ambientes, parecía que la única manera de que alguien dejara de molestarte era ser verbal y físicamente agresivo. Entonces, para sobrevivir y hacer frente con toda mi frustración, me convertí en lo que tanto odiaba y estaba arruinando mi vida: un acosador.

Recuerdo haber acosado a un chico en particular. Kyle no era popular y le dije algunas cosas francamente groseras y de menosprecio. Una vez, mientras otros acosadores y yo bajábamos del bus en secundaria, lo empujamos al suelo y empezamos a golpearlo. Creo que mis colegas y yo lo hicimos llorar algunas veces a la semana. Ahora me siento terrible por las cosas que hice y dije.

Por algunos años entraba y salía de la oficina del director, debido al acoso. Al principio de mi último año escolar, mi madre me mandó a una escuela alternativa llamada Chapin Alternative Academy. Esa escuela es a donde todos los "chicos malos" van cuando nadie más puede con ellos. Sin embargo, lo que la mayoría de gente no ve, es que los que terminábamos ahí éramos incomprendidos.

Chapin empezó con diez o veinte niños, pero al final del año éramos un par de cientos de estudiantes. Con el tiempo, más niños que habían sido expulsados fuera de sus escuelas se presentaban y vinieron a la academia como último recurso. Desafortunadamente, gracias a la juventud en problemas, se había vuelto una localidad principal para acosadores. Para protegerme, me hice amigo de los acosadores y probé que valía la pena tenerme cerca. Pero eso significaba que tenía que hacer más acoso.

Recordando, lo que me había dado cuenta era que los acosadores se habían vuelto bullies, porque en un momento, a ellos también les acosaron. Alguien los ha maltratado verbal o físicamente, entonces descargan su ira y dolor en otros. Varios compañeros de escuela me lastimaron y me faltaron el respeto, y gracias a ese dolor, respondí convirtiéndome en un acosador para otra persona, de lo cual me arrepiento profundamente.

Durante mi tiempo en Chapin, conocí a algunas personas que cambiaron el rumbo de mi vida. Le debo agradecimientos al Sr. Walker, Sra. Searfass, Sra. Cruea y todos mis maestros durante mi adolescencia. Nadie en el vecindario o en la escuela me trató como si valiera algo. Pero los maestros se volvieron las primeras personas en mi vida que me hicieron sentir como si importara y que las decisiones que había tomado eran importantes. Ellos ayudaron a encarrilarme e incluso venían a las presentaciones de mi banda para apoyarme.

Un punto de inflexión vino cuando uno de mis maestros me sentó y señaló la realidad de lo que estaba pasando con varios de mis compañeros de clase. Ellos se estaban uniendo a pandillas, saliéndose de la escuela, quedando embarazadas, drogándose y tomando decisiones que podrían arruinar la trayectoria de sus vidas. Mi maestro me preguntó luego: "¿Es esa la dirección en la que quieres ir?" La pregunta llamó mi atención, terminé alterando el camino en el que estaba.

En el libro de Proverbios, Salomón instruye a su hijo en la formas de sabiduría que lo mantendrían alejado de cometer errores y para pensar en la compañía que debía mantener. Si él se sentara entre nosotros hoy, quizá preguntaría: *¿Cuáles son las voces que importan en tu vida y cómo te están influenciando?* Piensa en tu familia, amigos, maestros, personas con las que trabajas, incluso la iglesia o la escuela. ¿Te están ayudando a convertirte en la persona que quieres convertirte? o ¿son como las voces que yo tenía en mi vida antes de Chapin, haciéndote creer que no vales?, ¿debes hacer cosas que honren a Dios solo para pertenecer o sobrevivir?

Necesitamos examinar qué voces estamos escuchando, y cuestionar su mensaje. Pero si no somos cuidadosos de quien tiene influencia en nuestras vidas, entonces estamos tomando un riesgo grande. Nos dirigimos potencialmente en una dirección dolorosa y dañina, simplemente, porque no estamos buscando hombres y mujeres de carácter y sabiduría.

Si no te gusta tu vida o la dirección en la que vas, tal vez necesites encontrar voces que te digan la verdad acerca de lo que Dios quiere que seas y cuál es tu propósito en este mundo. Y como yo, puede alterar el camino de tu vida para bien.

1. ¿A quién escuchas más en tu vida (aunque en realidad no te guste)?, ¿a quién le dejas decirte quién eres, o cómo funciona el mundo?, ¿es verdad lo que dicen sus mensajes?, ¿te ayuda?, ¿te respeta?, ¿tiene compasión?, ¿te da autoridad?

2. Si necesitas más voces positivas en tu vida, ¿En dónde puedes buscar?, ¿hay alguien en los lugares en donde haces tu vida (como trabajo o escuela) a quien puedas buscar?

*Ten cuidado de ti mismo y de la doctrina; persiste en ello, pues haciendo esto, te salvarás a ti mismo y a los que te oigan.*

**—1 TIMOTEO 4:16**

Por si no te habías dado cuenta, *no soy perfecto.* Cuando el equipo en HeartSupport se me acercó para que escribiera un devocional, estaba emocionado pero indeciso. Quería ser auténtico y honesto lo cual significaba dejar mucho contenido desastroso, que normalmente es señalado en círculos cristianos. Estaba determinado a mantenerme fiel a mis experiencias y alentar a aquellos que querían profundizar su relación con Dios o aquellos en busca de espiritualidad. Este devocional es un testamento de los milagros y montañas que Dios ha trabajado y ha movido en mi vida. La única razón, por la que derramo mi corazón acá es porque quiero que la gente llegue a conocer a Dios como yo.

Hasta ahora, espero que hayas visto la forma en la que él ha cambiado mi vida y corazón. Incluso en momentos en donde pensé que estaba distante o no escuchaba, puedo ver al pasado y Dios estaba en cada instancia proveyendo fuerza y seguridad. Espero, que al quitarme mi máscara y muestre mis defectos, tú te quitarás la tuya también y dejarás de pretender para otros. Me he quemado la frente estudiando para asegurarme que obtengan contenido sólido. Dos pastores de nuestro personal revisaron este libro. No estoy seguro si todo está perfecto acá, pero Dios nos pidió a cada uno de nosotros intentar. Lo demás depende de él.

Para aquellos que llegaron al final, oro para que este libro haya sido alentador. Ha sido un gozo compartir cómo el amor de Cristo me ha cambiado y me está cambiando. Espero que vean a Cristo como yo –un padre, hermano, maestro, sanador, consejero, un abrazo, el rey y un refugio seguro. Ya sea que hayas sido víctima o victimario de agresión sexual, nuestro creador te ama. Dios no conoce fronteras con respecto a quien aceptará en su reino. Como he dicho un sin fin de veces a mis fans: no importa si tienes luchas o no, si eres gay o no, negro o blanco, racista o amoroso, un adicto o un alcohólico, de otra religión o muy religioso –Se te da la bienvenida con amor en HeartSupport, porque Cristo me pidió que amara a mi prójimo como a mí mismo. Esto es ser fiel a lo que es correcto y es el testimonio de mi salvación.

Dios te ama y desde lo más profundo de mi corazón –con el verso de Timoteo como testigo– esta es la verdad de Jesucristo y su amor para cada humano en esta tierra.

Espero que este libro te haya alentado a ver a Dios en una forma más profunda y buscar más de su amor. Porque no podemos amar verdaderamente si no conocemos al Dios que ama. Déjanos amar con su amor y elegir su amor diariamente.

*Seáis plenamente capaces de comprender, con todos los santos, cuál es la anchura, y la longitud, y la profundidad y la altura, y de conocer el amor de Cristo, que excede a todo conocimiento, para que seáis llenos de toda la plenitud de Dios.*

**—EFESIOS 3:18-19**

1. Escribe tu historia. Todo lo bueno, malo y feo.

2. ¿En dónde ves a Dios interviniendo?, ¿cómo puedes usar tu historia para alentar a otros y como un testamento para aquellos que no conocen a Dios?

*Bendito sea el Dios y Padre de nuestro Señor Jesucristo, Padre de misericordias y Dios de toda consolación, quien nos consuela en todas nuestras tribulaciones, para que podamos también nosotros consolar a los que están en cualquier tribulación, con la consolación con que nosotros somos consolados por Dios.*

**—2 CORINTIOS 1:3-4**

En la última función del Vans Warped Tour en 2018, creamos un "Muro de los Lamentos" gigante, donde nuestro personal escribía las historias personales de hombres y mujeres que necesitaban aliento y apoyo. La gente en Warped Tour respondió abrumadoramente al compartir sus corazones, esperanzas y demonios personales.

Mientras miraba las respuestas, cada día, me di cuenta de algo que me conmocionó. Había varias respuestas en las cuales la gente compartió acerca de agresión sexual o violación. Por varios años, dimos un libro que escribió un amigo personal llamado Justin Holcomb. Es un libro para víctimas de agresión sexual y abuso, llamado: *Deshacerme de mi ~~Desgracia~~*, (el cual me ayudó y recomiendo fuertemente). Por lo tanto, a medida que los movimientos como #MeToo y #ChurchToo han crecido, también lo ha hecho nuestra conciencia como víctimas al presentar sus historias.

Entonces es hora de que yo me presente también.

Fui agredido sexualmente cuando era niño, pero ese no sería mi único incidente en la vida. A lo largo de la vida, tuve un evento traumático en la universidad donde fui tocado inapropiadamente. No entraré en detalles, pero ambos eventos fueron un desastre. De niño, la agresión me confundió. No sabía qué hacer con la experiencia, y sin duda, no quería decirle a nadie. La agresión pareciera ser algo que no le pasa a los hombres. Años después, descubrí que no estaba solo. Estadísticamente, uno de cada seis hombres han sido agredidos sexualmente y una de cada cuatro mujeres.

Llevé la vergüenza de mi agresión sexual por años cuando era más joven y era difícil para mí intimar con alguien. Me sentía avergonzado y como si "no fuera hombre". Los hombres y mujeres pueden reaccionar en una de dos maneras a su agresión sexual, ya sea evitando todo contacto o exteriorizar lo que pasó. Yo fui el último caso, en el cual llevé a la cama a muchas, tratando de probar que era lo suficientemente hombre.

La voz en mi cabeza siempre me decía: "No le digas a nadie acerca de esto". A menudo, cuando una víctima se presenta es con culpa, incredulidad, preguntas sospechosas, banalidades superficiales, mal consejo o teología tóxica. Nos hemos encontrado con comentarios como: "No, no pasó *realmente*", o "te lo mereces porque tú te pusiste en esa situación". No puedo decirte lo aplastante que es para los que hemos soportado el abuso. Nadie "*merece*" ser agredido.

Al procesar todo, tuve que apoyarme fuertemente en el confort de Dios una vez estaba listo para superarlo. Había momentos de luto y llanto, soledad o intento de usar el sexo para llenar el vacío, pero Dios vino a consolarme. Lo que sucede acerca del abuso sexual es que cuando sientes que no puedes hablar con nadie acerca de ello, Dios ya sabe y quiere consolarte. Cada vez que quería procesar o hablar acerca de lo que pasó, Dios siempre se mostró. Él fue comprensivo y edificador, a través del proceso entero y sanador, mientras yo reflejaba lo malo de mí. Mis heridas sanaron con el tiempo y hoy soy capaz de compartir acerca de la agresión para consolar a otros, y decir: *"Lo sé. También me paso a mí"*.

Eso es lo que me recuerda este verso en 2da de Corintios. Dios me consoló en mis tiempos más oscuros, para que yo pudiera consolar a otros en los suyos. Hayas sido víctima de agresión sexual o no, todavía tienes el mismo Espíritu Santo en ti que puede consolar a otros cuando están en problemas o dolor. Tal vez tú has sido adicto a las drogas y puedes ayudar a otros adictos. Tal vez has estado deprimido o con ansiedad y puedes ayudar a otros que también están así. ¿Tal vez nunca has experimentado lo que otras personas han experimentado? Puedes todavía ser una fuente de consuelo y amarlos.

Dios me enseñó, a través de mi dolor, que he sido lastimado por personas que están lastimadas. El mal siempre intentará usar a personas con defectos para su propósito y destruir al mundo. Sin embargo, una vez descubrí el perdón, me volví una persona que empieza a sanar, y gente que tiene sanidad, sana a otros.

Entonces hoy, si te sientes lastimado, confundido, exhausto o solo, apóyate en el gran consuelo de Dios. Déjalo caminar contigo en el dolor, especialmente, si has sido víctima de abuso sexual como yo. Tu futuro está esperando en sus manos, donde

él gentilmente te quiere restaurar.
Y cuando eso pase, *sabrás como dar consuelo a otros.*

1. ¿En dónde has sido lastimado en el pasado?, ¿todavía es difícil procesarlo y superarlo?, ¿por qué?

2. ¿Cómo puedes apoyarte en Dios y el confort de sus promesas?, ¿cómo puedes dar confort a otros con su amor?

3. Si sientes que Dios te está presionando para contactarte, quizás un paso de acción parezca compartir con un amigo o familiar seguro un evento que todavía te persigue. ¿Qué te detiene de hacerlo?, ¿por qué?, ¿cómo puedes combatir eso y confiar en Dios?

Procedente de un hogar separado y de convertirse en un músico nominado dos veces a un Grammy, Jake Luhrs ha estado de gira en cuarenta ciudades distintas y ha vendido más de medio millón de copias como líder de la banda de metal, August Burns Red. Por ocho años, él estableció la fundación sin fines de lucro HeartSupport que ahora ayuda a más de noventa mil personas al mes. A través de la influencia y liderazgo de Jake, la organización ha alentado a miles a tomar pasos de sanidad para superar depresión, autolesión, adicción, desórdenes alimenticios, y muchos otros, mientras que difunden la importancia de la salud mental y espiritual entre sus colegas y la industria musical. En 2016, a Jake se le otorgó un premio de Alternative Press Music por Filantropía gracias a la importancia que HeartSupport ejerció en la industria de la música. Jake está más apasionado acerca de su relación personal e íntima con Cristo por las diferentes maneras en las que ha visto como Dios impacta su vida y la de otros. Cuando no está de gira, él reside en Pensilvania con su bulldog francés, Winston.

HeartSupport fue creado por el músico nominado a Grammy, Jake Luhrs de la banda August Burns Red. Después de ver las luchas de sus fans a través de los mismos problemas y adicciones por las que él paso mientras crecía, él quería usar su plataforma para impactar a una generación. En 2016, la organización ganó un Premio a la Filantropía en reconocimiento a su trabajo en Alternative Press Music Awards. En 2017, la organización fue reconocida como una de las top 100 sin fines de lucro en el mundo por innovación social. El equipo de HeartSupport, a menudo viaja alrededor de los Estados Unidos educando en iglesias, sin fines de lucro, y otras organizaciones, mientras tienen contenido alentador junto con estadísticas para informar y entrenar a su audiencia con respecto a problemas que enfrenta la generación de hoy.

# D W A R F ♇ P L A N E T

## A PRACTICAL GUIDE THROUGH DEPRESSION

*(El planeta enano: una guía práctica a través de la depresión)*

## LA DEPRESIÓN SE SIENTE COMO VIVIR EN UN DISTANTE PLANETA ENANO

## ESTE LIBRO ES TU SALIDA

En 2006, Plutón fue bajado de categoría a un estado de planeta enano. Se compartieron memes y se escribieron chistes. Hoy, Plutón no es tomado seriamente como sus hermanos y hermanas más grandes en el sistema solar. En una nota relacionada, la depresión nunca se ha tomado en cuenta seriamente como sus contrapartes. Se le puede llamar por seguridad el Planeta Enano de nuestra crisis de salud mental.

Eso se acaba ahora. El libro que tienes en tus manos es el resultado de entrenamientos, estudios, victorias, derrotas y charlas a cientos de personas. En estas páginas, descubrirás los nuevos hechos acerca de tu depresión y encontrarás maneras de navegar en los obstáculos que están en tu camino.

Si estás en medio de la depresión, solamente abriendo Planeta Enano se puede sentir abrumador. Te sugerimos que lo superes. Léelo cada día, aliéntate con el contenido, y completa los ejercicios. Al final, estarás impresionado por lo mucho que habrás aprendido y crecido.

Trepa. ***Nosotros vamos a sacarte de esa roca.***

# Reescribir

## EL CAMINO DE AUTOLESIONARSE A SANARSE

*Autolesión, auto-destrucción, cortarse—Esperanza para una generación, ayuda a familias*

Muchos en la generación emergente se han encontrado en un ciclo sin esperanza de autolesión. Ya sea que se cortan, queman, se jalan el pelo o se castigan a sí mismos con culpa y vergüenza, no pueden salir de la misma barrera. La mayoría no saben ni por qué lo hacen. Todo lo que saben es que por alguna razón, les ayuda.

Para hombres y mujeres alrededor del globo, pareciera que nada se va a mejorar. La mayoría cree que nadie entiende la autolesión o que la ayuda real es elusiva o difícil de encontrar.

Si eso suena a ti, tenemos buenas noticias. No estás enfermo, loco o condenado a lastimarte por el resto de tu vida. ReEscribe te ayudará a aclarar los estigmas y razones detrás de la autolesión, abordar los temas difíciles de culpa y vergüenza, y provee los pasos comprobados para llevarte a un lugar de esperanza y sanidad. Si te preocupa uno de los miembros de tu familia o amigo, finalmente entenderás lo que está pasando y como ayudar.

Únete a otros a quienes la vida ha dado un giro exitoso con la información proveída aquí.

*Entra a la jornada. ReEscribe tu historia.*